天使は見捨てない

福島の震災復興と日本の未来

大川隆法
Ryuho Okawa

本講演は、2015年4月29日、幸福の科学・郡山《こおりやま》支部精舎《しょうじゃ》にて行われ、福島県内各地に衛星中継された。

講演前日の4月28日、東日本大震災による甚大《じんだい》な津波《つなみ》被害《ひがい》を受けた福島県いわき市の海岸《かいがん》沿《ぞ》いを視察。被災の爪痕《つめあと》が残る中、現在は防潮堤《ぼうちょうてい》の建設が進んでいる。

まえがき

日本の左翼運動再燃《さいねん》の原点ともいえる沖縄に続いて、今回は、福島に入ってみた。前日に福島県の海岸線を視察した後、郡山支部精舎《こおりやましぶしょうじゃ》から県内全支部・拠点に本講演を衛星中継した。その後、全国の支部などでも放映されている。折《おり》しも、ネパールでもマグニチュード「7・8」の大地震が起きて、死者は、一万人に迫っている。被災者は八百万人を超え、国民の三割にも達しているという。共時性《きょうじせい》のある、テーマの重なった講演となった。

私は本講演、本書で震災と現代宗教の視点のあり方を説いた。バランスを失った過剰《かじょう》な反応も問題だし、福島の原発事故を、憲法九条を本尊《ほんぞん》とする反戦左翼平和運動に使われすぎるのも問題だ。「天使は見捨てない。」ただ、現代の神や天使の心がどのあたりにあるかを読み取って頂きたいと思う。

二〇一五年　五月八日

幸福《こうふく》の科学《かがく》グループ創始者兼総裁《そうししゃけんそうさい》　大川隆法《おおかわりゅうほう》

天使は見捨てない　目次

まえがき　1

第1章　天使は見捨てない

二〇一五年四月二十九日　説法《せっぽう》
福島県・幸福の科学　郡山《こおりやま》支部精舎《しょうじゃ》にて

1　福島に来る直前に起きた「ネパール大地震《おおじしん》」　12
今、「沖縄《おきなわ》」と「福島」が日本を大きく動かしている　12
実写映画「天使に〝アイム・ファイン〟」の見どころとは　16

ネパール大地震は国民の約三割が被災《ひさい》する大惨事《だいさんじ》に　19
チリの火山噴火《ふんか》から、次の大災害を予感していた　25
阪神《はんしん》・淡路《あわじ》大震災と東日本大震災における判断の違《ちが》い　28

2　フクシマから人類に発すべきもの　31
放射能という「目に見えないものの恐怖《きょうふ》」　31
「放射能」は信じるが、「霊《れい》」や「あの世」は信じない人々　33
「未来への提言」の発信は被災地から　36

3　「天使」とはどのような存在か　39
私《わたくし》を捨て、「公人《こうじん》」として仕事に当たった陸前高田《りくぜんたかた》市長　39
天使は「あの世」でも「この世」でも活動している　43

大地震が起きたネパールで救済に励《はげ》む天使たち　45
世界中のすべての宗教とつながっている幸福の科学の活動　47
「科学の限界」を示してもいる原発事故や天災　50

4　**「原発問題」には、もう一段の智慧《ちえ》が必要**　52

日本が三流国に転落していく危険性　52
原子力を全面否定するだけでは問題は解決しない　55
左翼《さよく》運動に潜《ひそ》む問題点とは　57
左翼と右翼の違いを乗り越《こ》える「智慧」　59

5　**放射能への「行きすぎた恐怖」はもう捨てよう**　62

四十六億年前は〝放射能の塊《かたまり》〟だった地球から生命が生まれた　62

廃墟《はいきょ》になった広島・長崎を復興《ふっこう》させた人間の力　64
東日本大震災の「トモダチ作戦」に見たアメリカの友情　66
宇宙飛行士は福島の何倍も被曝《ひばく》しているという事実　68
核《かく》処理の方法を開発して「世界最先端《さいせんたん》の原子力技術」を持とう　71

6

悲劇を「逆手《ぎゃくて》」に取ってさらなる発展を　73

復興が進む福島を視察して感じたこと　73
福島県産物が早く全国に流通することを願って　76
「微量《びりょう》の放射線は身体《からだ》によい影響《えいきょう》がある」という説もある　77
天使たちは見捨てず、ずっと見守っている　79

第2章　質疑応答

二〇一五年四月二十九日
福島県・幸福の科学　郡山支部精舎にて

1　日本人の魂《たましい》としての「武士道」とは　84
「価値観が変わる時代」では、天使同士で戦う場合もある　85
「人を生かすために、死ぬことをも恐《おそ》れない」のが武士道　86
日本には「帝国《ていこく》主義を食い止める」という目的があった　89

「思想戦」によって平和裡《り》に世界を導く幸福の科学　91
「覇権《はけん》の対立構造」を終わらせるために必要なこと　93
永遠の命を信じ、極限まで自分を試《ため》しつつ戦う　96
福島から「新しい風」が吹《ふ》くことを期待している　97

2　**人類を食糧《しょくりょう》危機と戦争から救うために**　100

世界人口が百億人に向かっている今、食糧危機に備えた研究を　101
次の食糧源として考えられている「昆虫食《こんちゅうしょく》」　104
食糧不足による戦争を避《さ》けるための急務とは　106
高付加価値の農産物で国際競争力を高めよう　108

3　**この国を変える「宗教の力」とは**　114

「精神的なものを軽視する教育」は何とかして変えていきたい　115
信念を持って「宗教改革」「教育改革」を推《お》し進めよう　120
宇宙人情報を常識に変えるための映画を続々と製作予定　123
政治活動は「教団の外に支持層をつくり、日本を変えるため」　126
幸福の科学に入信し、活動することは「来世《らいせ》保険」に入ること　130

あとがき　134

第1章

天使は見捨てない

二〇一五年四月二十九日　説法《せっぽう》

福島県・幸福の科学　郡山《こおりやま》支部精舎《しょうじゃ》にて

1　福島に来る直前に起きた「ネパール大地震《おおじしん》」

今、「沖縄《おきなわ》」と「福島」が日本を大きく動かしている

福島県の郡山《こおりやま》支部精舎《しょうじゃ》には、前回、東日本大震災《だいしんさい》前に講演に来たと思います（注。二〇〇九年四月二十六日、「帰依《きえ》の心」と題して講演した）。今回、急にまた来たくなりました。

実は、沖縄《おきなわ》への巡錫《じゅんしゃく》を決めたころに、「次は福島にも行こうかな」と思

い始めていたのです（注。本説法の十日前に当たる二〇一五年四月十九日に、沖縄正心館《しょうしんかん》にて「真の平和に向けて」と題して講演した）。

やはり、何か引っかかるというか、今、日本を動かしている二カ点は、「沖縄」と「福島」だからでしょう。この二カ点から、日本がグラグラ揺《ゆ》れているので、「どうしても、行かなければいけない」という気持ちに駆《か》られて来ました。

福島は日本全体で見ても、いろいろな問題が山積《さんせき》している地域ではあるのかなと考えています。また、そうした問題を考えるに際して、「モデルになる」というか、「中心的なテーマがある」というところだと思うのです。

ところで、久しぶりに地元紙《じもとし》を持ってきました。（新聞を掲《かか》げながら）これは「福島民《みん》報《ぽう》」です。当会の書籍《しょせき》広告が出ており、「何が起こっても、力強く前へ。」というコピーで『人生に勝つための方程式』（幸福の科学出版刊）が、そして、先日の沖縄での講演を収めた『真の平和に向けて』（同）が載《の》っています。また、震災に関係のある書籍として、『されど光はここにある』『逆境の中の希望』（同）も宣伝しています。

「福島民報」2015 年 4 月 29 日付広告　東日本大震災復興についての書籍とともに、2016 年公開予定の映画「天使に“アイム・ファイン”」の公開告知、および原作本『アイム・ファイン』等が掲載されている。

さらには、映画「天使に〝アイム・ファイン〟」（二〇一六年公開予定）の原作である『アイム・ファイン』（幸福の科学出版刊）の広告と併《あわ》せて、「映画『天使に〝アイム・ファイン〟』福島でロケ決定！」ということまで載っています。

なお、「福島民友《みんゆう》」という新聞にも、同じ広告を載せてもらっていて、両紙とも二面に掲載《けいさい》してあります。

「日本の未来」を力強く開くための勇気のメッセージ

『逆境の中の希望』

『されど光はここにある』

『真の平和に向けて』

（いずれも幸福の科学出版）

実写映画「天使に〝アイム・ファイン〟」の見どころとは

さて、「天使に〝アイム・ファイン〟」という実写映画を構想しているわけですが、その前にアニメーション映画「ＵＦＯ学園の秘密」（二〇一五年十月十日公開予定、製作総指揮・大川隆法）が全国公開されます。それが上映される前の、今年の夏から秋にかけて、「天使

2015年10月10日公開予定のアニメーション映画「UFO学園の秘密」（製作総指揮・大川隆法／幸福の科学出版）

に〝アイム・ファイン〟」の撮影《さつえい》に入る予定です。

そのロケ地の一つが福島で、もう一つは徳島《とくしま》になります。それ以外の場所でも撮影はすると思うのですが、まだはっきりとは決まっていません。これは、〈聖地〉エル・カンタ―レ生誕館記念実写映画なので、徳島県がロケ地になるわけです。

この映画では、「天使の働き」をお見せすることになるでしょう。今までの当会の映画では、実写もアニメも主として、「救世主をテーマにしたもの」が全体的には多かったのですが、それですと「感情移入ができるかどうか」という問題もあるので、今回は天使の働きにスポットを当てています。「天使がいろいろな人の悩《なや》みに、どのように立ち向かっていき、解

●〈聖地〉エル・カンタ―レ生誕館　大川隆法の郷里・川島町（徳島県吉野川市）に、2016年に建立される予定の施設。

決しようとしているのか」ということを描《えが》こうと思っているのです。

したがって、「広大無辺《こうだいむへん》なスケールの、世界規模の映画」という感じではないかもしれませんが、そのなかで描かれるのは、ある意味で、「みなさんが日々直面している問題」でもあるわけです。

おそらく、本書を読むみなさんの多くは、あの世に還《かえ》ったあと、天使がいる世界か、それに近いあたりに行くのではないかと思います。つまり、この映画では、「あの世でのみなさんの仕事は、こういったものですよ」と、あらかじめ教えることにもなるで

2016年公開予定の実写映画「天使に"アイム・ファイン"」で主演予定の女優・雲母(きらら)。1998年生まれの17歳。テレビドラマ「ウルトラマンギンガ」の久野千草役や、映画「ファイナル・ジャッジメント」「東京シャッターガール」に出演、さらに舞台やモデルへと活躍の場を広げている。

しょう。

そういう意味で、感情移入できるというか、「あの世での自分たちの仕事は、こういう仕事なのだ」ということが分かる映画になるだろうと思っています。

まだ、撮影が始まっていませんし、役者も決めている最中ではありますが、ぜひ楽しみにしていてください。

ネパール大地震《おおじしん》は国民の約三割が被災《ひさい》する大惨事《だいさんじ》に

ところで、今回、福島への巡錫《じゅんしゃく》を決めてから、来る直前になって、ネパールで大地震《おおじしん》が起きました（二〇一五年四月二十五日）。

毎日、新聞を読んだり、テレビを観《み》たりするたびに、犠牲者《ぎせいしゃ》の数はどんどん増えていっており、最終的な数は確定できないものの、五千人以上、あるいは一万人に届く可能性もあるのではないかと言われています（説法当時）。

さらに、被災者《ひさいしゃ》が八百万人に上《のぼ》るとも報道されていますが、ネパールの人口は二千数百万人なので、約三割が被災しているということでしょう。これは、国の規模から見ると、そうとう大きな被害です。

しかも、高さ六十メートルの塔《とう》（ダラハラ塔）が丸ごと壊《こわ》れたり、三百年の歴史を有する建築物が崩《くず》れたりしています。また、首都カトマンズのネパール仏教の観光名所でも、多くの寺院が崩れているようで、非常に気の毒な状況《じょうきょう》になっています。

一方、当会のネパール支部精舎は、二〇一四年八月に落慶《らっけい》したのですが、「八十年に一回の地震にも耐《た》えられるように建設しました」と言っていたとおり、結果としては、塀《へい》の一部が崩れたものの、建物自体は崩れませんでした。ほかの寺院がほとんど〝土〟になってしまったにもかかわらず、当会の支部精舎はびくともしなかったのです。

ただ、残念なことに、いまひとつ知恵が足りず、「食料や水の備蓄《びちく》等をもっとしておけばよかった」という反省がありました。そこまで指示が徹《てっ》底《てい》しておらず、あまり考えていなかったようなのです。

私としては、建物と敷地《しきち》が十分に使えるので、当然、炊《た》き出し等をして、被災者を助けていると思っていたところ、自分たちの水と食料すら十分に確保できていなかったわけです。

したがって、残念ながら、現時点では「救済」までは行っていないかもしれません。まだ、避難《ひなん》場所として被災者を受け入れているぐらいの状況でしょう。

ただ、おそらく今日にも、インド経由で幸福の科学の救援《きゅうえん》部隊の一部が現地へ入ると思いますが、なかなか難しいルートであり、陸路をトラックで入っていくので、どこまでできるかは分かりません。

日本政府は震災直後に、二千五百万円相当の物資を寄付することを決め、その後、十億円規模《きぼ》の無償《むしょう》資金協力を発表しましたが（説法当時）、幸福の科学には、すでに一億円以上の寄付金が寄せられていて、救援物資等を送り始めていますので、当会は頑張《がんば》っているのではないでしょうか（注。その後、現地へ水や食料、テントなど、多くの物資の支援を続けている）。

いずれにせよ、これから死亡者が一万人を超《こ》すかもしれないし、雪崩《なだれ》が起きた場所が、どうなっているかも分かりません。また、被災者が八百万人を超すとなると、ちょっとやそっとのことでは救済できる状況ではないでしょう。そうとう長期的な活動が必要かと思いますし、ネパール支部だけの力では、どうにもならないかもしれません。

ただ、すでにネパールのハッピー・サイエンス（幸福の科学）の会員は

ネパール大地震における幸福の科学の救援状況

上：震災直後の首都カトマンズ

2015 年 4 月 25 日にネパールで発生した地震は、同国では81 年ぶりの大地震（マグニチュード 7.8）。人口 2700 万人の 3 割に当たる約 800 万人が被災したと見られている。死者は数千人、負傷者 1 万人超、さらに数多くの行方不明者が出ており、建物の多くは倒壊。水と食糧不足のなか、人々はテント生活を続けている。

地震による倒壊《とうかい》を免《まぬが》れた幸福の科学ネパール支部精舎（カトマンズ）は、近隣《きんりん》の被災者のために敷地・建物を開放（左・上写真）。日本や近隣諸国のメンバーから集まった支援は、インドのデリー支部等を経由して現地に届き、水や食糧等の供給を続けている。

「ネパール地震緊急支援金」の募集

幸福の科学グループでは、「ＨＳ・ネルソン・マンデラ基金」（＊）を通じ、「ネパール地震緊急支援金」を呼びかけ（右）、食糧や医薬品、日用品等の救援物資の支援や、被災地の復興支援を行っている。

＊ＨＳ・ネルソン・マンデラ基金：差別や貧困を理由に苦しむ世界中の人たちに教育や治療の支援を行うための、幸福の科学グループ内基金。（詳細は巻末をご覧ください）

二万人以上はいるので、補給ラインと人員が確保できれば、ある程度の力にはなれるのではないでしょうか。

なお、日本赤十字社《せきじゅうじ》は現地に五人の先遣隊《せんけんたい》を派遣したものの、「二週間ぐらい情報収集をしてから、どういう支援をするか決める」と言っているので、ゆっくりしているような感じはします。

チリの火山噴火《ふんか》から、次の大災害を予感していた

こういう天変地異というものは、本当に忘れたころにやってくるものですが、私は、今回のネパールの地震は、ある程度、予感はしていました。

というのも、直前にチリで火山の噴火《ふんか》があったからです（注。二〇一五年四月二十二日から二十三日にかけて、チリ南部にあるカルブコ火山で大規模な噴火が起きた）。

そのため、「アジアのほうに何か来るだろう。噴火、ないしは地震か何かが来る」と思い、それが日本に来ないかどうか、少し心配していたのですが、日本を通り越《こ》してネパールのほうまで行ってしまいました。

マグニチュード7・8という地震だったので、彼らにとっては大変な災害だと思います。

かつての、東日本大震災のときには、ネパール政府から毛布《もうふ》を五千枚ぐらい送っていただいたので、今、そのご恩返しを少しはしなければいけないと考えているところですが、被害の規模が大きいので、どこまでできるかは分かりません。

ただ、ネパールの生活レベルから見ると、貨幣《かへい》価値が、日本のだいたい百倍ぐらいになると思います。例えば、日本が一億円の支援をすると、ネパールでは、日本で言うと「百億円の支援」に相当するぐらいの価値があるのです。

そういう意味で、ある程度は、力になれるのではないかと思っています。

阪神《はんしん》・淡路《あわじ》大震災《だいしんさい》と東日本大震災における判断の違《ちが》い

四年前の東日本大震災《だいしんさい》の際は、私も、かなり迷いました。

というのも、一九九五年に起きた神戸《こうべ》の阪神《はんしん》・淡路《あわじ》大震災のときは、トラック約一千台分の支援物資を送り、幸福の科学のボランティアも延べ二万人ぐらい現地に入ったからです。

阪神・淡路大震災における救援活動

1995年阪神・淡路大震災の際には、幸福の科学・救援センターを設置。のべ２万人以上の会員がボランティアとして現地入りし、炊き出しや各種物資の供給、仮設トイレや風呂の設置等の活動を行った。

　一方、東日本大震災では、規模が大きすぎるのを見て、「信者を送ると二次災害がそうとう起きるのではないか」と思い、大規模な支援ができなかったので、それについては、私も、ずっと残念に思っていました。

　津波《つなみ》の状況やその他の被害を見るかぎり、自衛隊規模でないとどうにもならないというか、「一般人《いっぱんじん》が行ってもどうにもならない」という規模であったのです。「自衛隊規模の戦力」に加え、「政府レベルの資金力」、

東日本大震災被災地の鎮魂、そして未来の希望へ

幸福の科学では、東日本大震災で被災した地域の復興と、亡くなった方々の鎮魂をするため、震災直後、仙台に日本再建祈念館（左）を急遽開設。さらに、本格的な宗教施設として仙台正心館（右）を2012年7月に建立した。

つまり何兆円もの資金がないと救えないレベルだということで、力が足りないことを、本当に残念に思いました。

みなさんも、幸福の科学の支援活動が十分に行き渡《わた》らなかったので、残念に思われた方も多いかとは思いますが、力を蓄《たくわ》えないと、まだまだ、「あちらもこちらも」というようには救い切れない状態です。

東日本大震災では、二万人規模の死者・行方《ゆくえ》不明者が出ましたけれども、信者を送ろうにも、「その後、どうなるか」が分からないので送れない状況でした。神戸の場合は、〝前後左右〟に道が開《あ》いていたので、まだ補給ルートがあったのですが、東日本大震災では、（補給ルート確保が）もはや手遅《ておく》れの状態だったのです。

2　フクシマから人類に発すべきもの

放射能という「目に見えないものの恐怖《きょうふ》」

東日本大震災《だいしんさい》では、二次被害《ひがい》として、福島の原発問題が出てしまいました。これは、新しいテーマとして出てきて、この四年間、日本国民を非常に悩《なや》ませた問題でもあるし、世界にも、いろいろと波及《はきゅう》した問題でもあるかと思います。

●**福島の原発問題**　2011年の東日本大震災の際、福島第一原子力発電所の電源設備が津波によって喪失し、原子炉建屋内で水素爆発が発生。放射能漏れを起こした。

これは、放射能という、「目に見えないものの恐怖《きょうふ》」です。専門家の意見やテレビ・新聞等の報道などで、かなり拡大された面もあって、目に見えないがゆえの恐怖が、そうとう広がりました。

放射能は見えませんから、「ある」と言えばあるような、「ない」と言えばないような、そういう感じですが、恐怖の広がりは、かなりのものでした。

当時の首相であった菅直人《かんなおと》さんは、ヘリコプターで現地を見に行って、恐怖でいっぱいになり、「東京の人まで避難《ひなん》しなければいけないのではないか」「そういう命令を出さなければいけないのではないか」という「首都全員避難」のところまで考えていたと自分で言っていたので、これはそうとうです。

まあ、見に行かないほうがよかったでしょう。菅さんが逃《に》げて帰ってきた直後に原子炉《ろ》の建屋《たてや》が水素爆発《ばくはつ》したので、ショックを受けすぎて、「放射能が首都まで行くのではないか」と思ったのでしょう。

「放射能」は信じるが、「霊《れい》」や「あの世」は信じない人々

ちなみに、幸福の科学の会員のなかにも敏感《びんかん》な方はいて、東京から沖縄《おきなわ》へ避難した方も何人かはいるようです。また、大阪《おおさか》あたりのホテルまで逃げた方もけっこういたと思います。

なお、震災が起こったのは、ちょうど、幸福の科学学園那須《なす》本校の高校生が第一回目の海外語学研修に行く直前でした。そのため、「こんなときに海外に行ってよいのだろうか」、あるいは、「那須のほうまで原発の被害が来るのではないか」など、みんな恐怖していたところもあり、当会の研修施設《しせつ》である東京正心館《しょうしんかん》に避難に来ていたのです。

そこで、私は学園生を〝つかまえ〟て、英語の講義をし、「心配ないから」と、彼らをアメリカへ送り出しました。

私には、勘《かん》で、「だいたい、どのくらいまで被害が広がるか」が分かったので、「那須までは来ないから大丈夫《だいじょうぶ》だ」と言っていたのですが、近所のほかの学校では、逃げたところもあったようです。

しかし、これは非常な事件であったし、みなさんも目に見えない恐怖に悩まされたでしょう。

ただ、「放射能」は目に見えなくても、みな百パーセント信じるのに、「霊《れい》」や「あの世」、「天使」や「悪魔《あくま》」などとなったら、目には見えないのは同じでも、信じない人はかなり多くなります。こちらこそ〝リアリティー〟がある世界なのですが、「あの世の世界があるかどうか」ということは、なかなか分かってくれません。

しかし、目に見えない放射能のほうは、よく信じられるようです。放射能については、被害の実態が出ていなくても、信じることができるらしいので、「人は悪いことには反応する」ということかもしれません。

「未来への提言」の発信は被災地《ひさいち》から

なお、東北には六県ありますが、復興《ふっこう》は福島がいちばん遅《おく》れていると言われています。私も、昨日《きのう》（二〇一五年四月二十八日）、こちらに入って、海岸沿いのほうを視察してきました（口絵写真参照）。

内陸のほうにも仮設住宅がかなりありましたけれども、そこを通るときに、少し中途半端《ちゅうとはんぱ》な感じで、「そこにいてよいのか悪いのかが、分からないような感じで住んでいるのではないかな」という感触《かんしょく》を受けました。「復帰したいけれども、ここにいてよいのかどうか」というような感じのイメージを受けました。

また、海岸沿いのほうにも、かなり公営住宅が建っていて、すでに住んでいる方が、そうとういるので、「ああ、ここに住むところまではきているのだな」ということは見えましたが、まだ、被害《ひがい》の爪痕《つめあと》が残っているところもかなりあります。

海岸には、観光客用にお店を出しているところなどもありました。さらには、なんと、能天気《のうてんき》にサーフィンをしている人もいたのですが、これは、少々意外でした。かつて百何十人かが亡《な》くなったところなのですが、そこでサーフィンをしていました。

ただ、それも、復興の一歩として許してあげなければいけないでしょう。

波があるので、これをサーフィンという商業価値のある行為《こうい》に変えていくことにより、人を呼べることになるのかもしれません。

そういう意味で、震災から四年たって、次第《しだい》に忘れられつつはあるでしょうけれども、私たちは、長い長い歴史を生きており、その都度《つど》、戦乱や自然災害、さまざまな病気など、いろいろなものに直面しながら、乗り越《こ》え、生き延びてきました。そういう歴史であり、その都度、人類は智慧《ちえ》を絞《しぼ》って、サバイバルをしてきたのです。

ですから、やはり、この地から発信するものも、「未来への提言」でなければいけないのではないかという気がしています。

3 「天使」とはどのような存在か

私《わたくし》を捨て、「公人《こうじん》」として仕事に当たった陸前高田《りくぜんたかた》市長

こちらに来るに際して、私は、東日本大震災《だいしんさい》の地震や津波《つなみ》、それから原発問題などの本を、何十冊か読んできましたが、いちばん心に残ったのは、岩手県陸前高田《りくぜんたかた》市長（戸羽太《とばふとし》氏）が、震災後、数カ月で書いた本でした（『被災地《ひさいち》の本当の話をしよう　～陸前高田市長が綴《つづ》るあの日とこれから～』

〔戸羽太著〕）。

彼は、地震が起きる何分か前に、自宅の奥《おく》さんに電話をして、「今日は金曜日だから、夜、焼き肉でも食べに行こうか」という話をしていたのですが、その数分後に地震が起きてしまったのです。

彼は、「車で迎《むか》えに行って救い出せば、妻を助けられるかもしれない」と思ったらしいのですが、市長という立場なのでプライベートな行動はできません。自宅まで救いには行けず、「ああ、妻は大変だろう」と思いつつも、市庁舎で指揮を執《と》らなければいけませんでした。

その後、妻が行方《ゆくえ》不明になっていても自分で探しに行くこともできず、一カ月ぐらいたってから、親戚《しんせき》の警察官が、奥さんらしき遺体を見つけ、

「奥さんだと思う」と連絡《れんらく》してくれたようです。それを子供にも教えることなく、遺体を荼毘《だび》に付《ふ》して、あとから知らせたという話が書いてあったことが、非常に心に残りました。

また、そのあと、東京から政治家がたくさん訪ねてきたようですが、そのなかには、市長と一緒《いっしょ》に写真を撮《と》りたがり、Ｖサインを出して写真を撮ったりして帰る人もいたそうです。

「先ほどから被害の話をたくさんしているのに、そのあとＶサインを出すとは何事か」というところでしょう。さらに、「あなたも一緒に」などと言われても、市長にそれができるわけがありません。

「そういう感じで帰っていくので、分かってくださっているのかどうか気になった」というようなことも書いてありました。要するに、政治家の宣伝欲のようなものを見て、嫌《いや》な思いをしたわけです。

そのように、「公人《こうじん》」として市民の命を預からなければいけないので、「私《わたくし》」のほうを捨てて仕事をしなければいけなかったことに対するつらさを書いているのを見て、「ああ、どこにも似たようなところがあるのだな」という感じがしました。

私などもそのように感じることは多いのです。やはり大きな団体を率いていると、公人として判断しなければいけないこともあるし、個人として行動できないこともあるわけです。ですから、「同じように、そうした判断は働くのだな」と思いました。

そういう意味では、「いざというときに、体を張って働いてくれる方がいるのは、とてもありがたいことだ」と思っています。

天使は「あの世」でも「この世」でも活動している

ただ、そうした役職がなくとも、いざというときに、普通《ふつう》の市民である方のなかから〝英雄《えいゆう》〟が数多く出てくることもあります。

例えば、アメリカでワールドトレードセンターが倒《たお》れたときも（二〇〇一年九月十一日の「アメリカ同時多発テロ事件」）、消防署員、その他、英雄的な方がたくさん出てきたことが知られています。同じく、東北での津波のときにも、人を助けようとして活動された方は数多くいたでしょう。

そうした方々のなかには、亡《な》くなられた方もいれば、生き残った方もいるとは思います。ただ、自分にはそんな義務があるわけでもなく、地位や権限があるわけでもないのに、「ほかの人を助けたい」という思いが心から湧《わ》いてくるならば、それが、「人間の本性《ほんしょう》の善なるところ」でもあるし、実は（魂《たましい》の）〝根っこ〟が天使につながっているところでもあるのです。

結局、「天使」という存在は、人間の姿をとって現れてはきますし、あの世でもそうした姿で活動してはいますが、やはり、「神の働きの一部」なのです。「神の救済機能」が、天使という姿をとって現れてきて、いろいろなかたちで救済に入ってくるわけです。

あるときは、病気を治しに入ったり、あるときは、非常に落胆《らくたん》し、失望している人を慰《なぐさ》めたりします。また、あるときには、事故になる寸前に、間一髪《かんいっぱつ》のところで助けたりと、いろいろなかたちで、この世での救済活動をしています。あるいは、亡くなられた方がいたら、そのあと、諭《さと》してあの世に連れていくという仕事をしているのです。

大地震《おおじしん》が起きたネパールで救済に励《はげ》む天使たち

今、ネパールでは、仏教系の天使というか、菩薩《ぼさつ》たちをそうとう送り込《こ》み、天上界《てんじょうかい》からも一生懸命《いっしょうけんめい》に救援《きゅうえん》しているため、私も非常に忙《いそが》しくはあります。

やはり、霊界《れいかい》では全部がつながってくるのです。ネパールの地で亡くなった方が、「仏陀《ぶっだ》」「仏陀」と呼んでいるのですが、そう呼ぶと、私のところまで来るわけです。そういう意味では、とにかく、天使（菩薩）たちに、手分けして助けてもらわないといけません。

雪崩《なだれ》の下で埋《う》もれている人や、瓦礫《がれき》の下で七十二時間も埋もれている人などは、みな救ってほしいので、「念波《ねんぱ》」を発信しています。ただ、それをキャッチできるかどうか。また、救済活動をやってはいますが、手が届かないわけです。重機もないため、なかなか救えずに大変ではあります。

しかし、肉体的には救えない人が多いとしても、そういうときに、「天使軍団が非常に頑張《がんば》って活動しているのだ」ということは知ってください。

世界中のすべての宗教とつながっている幸福の科学の活動

なお、ネパールあたりで、「仏陀」「仏陀」と呼んでいる人の念波も、私のところに来ますが、実は、仏教だけではなく、キリスト教会で十字架《じゅうじか》に向かって、イエス様に祈《いの》ったり、キリスト教の神に祈ったりしても、私のところに来るのです。

彼らに自覚はないらしいのですが、「あれ？　なんでここに来たのかな？」といった感じで、幸福の科学に来ています。キリスト教会で、神様か、イエス様に祈ったつもりでいるのに、（その人の霊体《れいたい》が）こちらに来て、「あれ？　どうして幸福の科学に来たんだろう？」「祈ったら、ここに来ちゃった」などと言っているわけです（会場笑）。そういう人がときどき出てきます。

そこで、「ご存じないかと思うけれども、いちおう、どこで祈っても、ここへ来るんです。最終的には、ここへ来るんですよ」という話はしているのです。

ともかく、当会の活動は宗派《しゅうは》を超《こ》えており、本当に、世界の主《おも》だった宗教全部とつながっています。宗派の違《ちが》いや、教えの違い、あるいは、歴史的な違いがあっても、すべてを乗り越《こ》えて、世の中の人々を、「憎《にく》しみから愛」に変え、「苦しみから救済への道」に導いていく仕事をしているのです。

もちろん、こういう面が十分に見えていない方もいるかもしれません。当会は政治活動などもしていますが、「自分たちの団体の利益《りやく》のためだけにやっている」と思う人もいるでしょう。

しかし、こうした政治活動も、宗教活動だけでは十分に及《およ》ばない部分、つまり、「現実的な救済活動」や、「現実的な国難を救う機能」が一部必要なので、行《おこな》っているわけです。何か欲があるわけではありません。

また、本来、お坊《ぼう》さんや尼《あま》さん向きの人が頑張《がんば》って政治活動をしているのは、政治のほうに少し「神仏《しんぶつ》の心」から離《はな》れているところがあるためです。何とか、政治にも、「神仏の心」を流さないといけないので、今やっているわけです。

「科学の限界」を示してもいる原発事故や天災

そのように、天使たちは地上でも活発に活動しています。しかし、活発に活動してはいるものの、この世では、なかなか、自己実現できないというか、思うようにはいかないことが数多くあるのです。

それは、やはり、目に見える世界しか相手にしていない人たちが、非常に増えているからでしょう。例えば、教育にしても、「科学教育」のようなものが広がっていますが、それは非常に便利である一方、信仰《しんこう》を失わせる力も持っています。つまり、科学的な教育が、信仰を失わせていくわけです。学校教育から信仰が消えていく。宗教が消えていく。あるいは、家庭からも消えていく。こうしたことは、海外でも起きつつあることです。

そのため、ときどき原発事故などが起きて、さまざまに「科学の限界」のようなものが示されたりするのでしょう。もしくは、人間が発展したと思ったところへ、大きな地震《じしん》や、火山の噴火《ふんか》等が起き、「科学の未熟なること」を教えているところもあるように思います。

4 「原発問題」には、もう一段の智慧《ちえ》が必要

日本が三流国に転落していく危険性

なお、原発について言えば、ここ福島は撤退《てったい》していく方向でやっているようですけれども、あれだけの被害《ひがい》を出したため、それはそれで一つの考えとしては、よいのかもしれません。

ただ、私のほうからお願いしたいことは、次のようなことです。この点、

沖縄《おきなわ》の基地問題もそうではありますが、福島の原発の問題についても同様だと思います。

福島は世界に原発被害で知られ、変なことで有名になってしまいました。おそらく、このことは何十年かは忘れられないでしょう。また、世界の人は、よく分からないため、原発事故で何万人も死んだと思っているわけです。

しかし、そうではありません。

もちろん、原子力そのものについては、「代替《だいたい》エネルギー」として、有効で、有害でないもの、よりよいものが開発できれば、別に問題ないと私は思っています。

●**原発被害の実態**　原発事故による放射能が原因で亡くなった人は確認されていない。「原発関連死」として約千人が亡くなったとされるが、これは強制的に避難させられたなかでの病死等によるものである。

ただし、日本としては、現時点で、このエネルギー供給のところを絶たれると、あっという間に〝三流国〟まで転落するでしょう。

確かに、福島の被害については、別途《べっと》、考えなくてはいけないと思うものの、原子力問題そのものが御破算《ごはさん》になるところまで広げるのであれば、もうひとつ、智慧《ちえ》を加えなければいけないのではないでしょうか。

また、世界的に見ると、中国やインド、あるいは、ほかのところでは、日本よりずっとレベルが低く、危険な原発がたくさん稼働《かどう》しています。

さらに言えば、実は、震災《しんさい》後も、世界中で原発はまだつくられていて、増えているのです。「つくらない」と言っているのは、日本とドイツぐらいのもので、この二つが原発後進国になろうとしている一方、それ以外の国は、原発をつくる方向で、みな動いているわけです。

そういう意味では、もっと性能の悪い原発がたくさん増えようとしています。もし、中国で、たくさんの原発に爆発《ばくはつ》でもされたら、黄砂《こうさ》だけではなくて、その放射性物質が日本に来てしまうでしょう。これは止《と》めようがありません。また、「もっと性能のいいものを使ってくれ」と言ったところで、おそらく聞いてくれないと思います。

原子力を全面否定するだけでは問題は解決しない

確かに、震災によってそういう被害には遭《あ》ったけれども、単に全面否定するだけではなく、これを契機《けいき》にして、「最高度に安全性の高い原子力の有効活用ができないかどうか」と考えることも一つではないでしょうか。

今回の件では、東電《とうでん》（東京電力）がすごい悪者にはなっているけれども、さすがに、マグニチュード9・0の地震が起きることは想定していなかったと思うのです。その意味では、気の毒な面はあったでしょう。

もちろん、東電のそれまでの〝殿様《とのさま》体質〟を批判する人からすれば、「それ見たことか。お殿様で、何も働かなくても食べていけるような体質でいたのに、こういう危機対応をしなくてはいけなくなった。やっぱり反省して当然だ」という考えもあるとは思います。

しかし、前述したように、福島の原発の問題については、それはそれとして今対処しなくてはいけないけれども、原発をすべてなくせば、それで問題が済むわけではないのです。

左翼《さよく》運動に潜《ひそ》む問題点とは

要するに、「左翼《さよく》の源流としての、沖縄の基地問題と、福島の原発問題とが世界に流れすぎた場合、困ることがある」と私は思っているのです。

もちろん、「左翼の全部が悪い」と言っているわけではありません。左翼のなかには弱者に優《やさ》しいところもあります。また、政府が強権的で、言うことをきかない場合には、それに対して異議申し立てをするという面もあるでしょう。私は、左翼にまったく意味がないとは思っていないのです。

ただ、気をつけなくてはいけないところは、次のようなことです。

例えば、キリスト教で言えば、「百頭《ひゃくとう》の羊《ひつじ》がいて、そのうちの一頭が迷って谷間《たにま》に下りていったら、羊飼いは、必ずその一頭を探しに行くだろう」というような教えが『聖書《せいしょ》』のなかには書いてあります。確かに、この一頭を探しに行くのは、羊飼いとして当然のことではあるでしょう。

こちらにフォーカスする、焦点《しょうてん》を絞《しぼ》ると、基本的に「左翼運動」になります。つまり、「迷える羊を救う」ということです。

しかし、その一頭を救いに行くことで、残りの九十九頭をオオカミの群れに襲《おそ》わせてもよいわけではないでしょう。やはり、残りの九十九頭をどうするかも考えながら、迷える一頭を救いに行かなくてはいけないのです。そういう意味での難しさはあります。

左翼《さよく》と右翼の違《ちが》いを乗り越《こ》える「智慧《ちえ》」

ただ、一人だったらできないことでも、智慧《ちえ》を使えばできるかもしれません。九十九頭の安全を護《まも》るために、ほかの人の協力を得るとか、あるいは、囲いをつくるとか、何らかのことをして、それから探しに行くという手もあるわけです。いろいろと頭を使い、チームワークを使えばできることもあるのではないでしょうか。私の基本的な考え方は、そういうことです。

ともかく、「九十九頭のほうを護ること」にフォーカスすれば、「保守」の立場になりますが、「迷える一頭だけを救いに行く」となれば、「左翼《さよく》」の立場になるのです。

これは、どちらも完全に間違《まちが》っているわけではなく、両方とも必要なのです。

宗教は、どちらかといえば、「〝迷える一頭〟を救いに行く」という傾向《けいこう》が強くあります。それは、基本的に、宗教家には個人を救済する仕事が多いからです。個人を救済する仕事が多く、全体を救済するところまで力が及《およ》ばないからです。

全体の救済については、政治家のような立場の人たちに責任のあることが多いでしょう。一方、宗教家の場合は、過去、「個人救済などの個人的な活動をしながらも、それが導火線になって全体に影響《えいきょう》が出る」というようなかたちでの活動が多かったわけです。

したがって、「左翼」も「右翼」も、それほど特別に大きな意味があるわけではなく、「何に重点があるか」ということかと思っています。

5　放射能への「行きすぎた恐怖《きょうふ》」はもう捨てよう

四十六億年前は〝放射能の塊《かたまり》〟だった地球から生命が生まれた

放射能の問題に関しては、「一定以上の被曝《ひばく》をすると、健康に害がある」というのは、そのとおりでしょう。

ただ、現代人には信じてくれない人も多いと思うのですが、四十六億年前に地球ができたときは、ものすごく高温度の火の塊《かたまり》のような灼熱《しゃくねつ》の世界で、放射能に包まれていたのです。要は、地球全体が〝放射能の塊〟だったわけです。

また、太陽も〝放射能の塊〟と言えます。放射線が大量に出ているのです。あの超高温《ちょう》の太陽の熱のなかでは放射性物質が燃えていて、ものすごい放射をしているのです。

したがって、四十六億年前の地球も〝放射能と高熱の塊〟のようなものだったわけです。

その〝放射能の塊〟のような地球が、だんだん冷えてきて、生物が棲《す》める適温のところになり、なぜか空気ができ、水ができ、生命が宿《やど》るようになってきたという歴史があるのです。

私は、そういうことを知っているため、放射性物質や放射能があること自体を、ものすごく危険であるかのように言うことに対しては、少々違和《いわ》感《かん》があります。地球自体が放射能に包まれていたのであり、そのなかから生命が生まれてきたのです。

廃墟《はいきょ》になった広島・長崎を復興《ふっこう》させた人間の力

これについては、すぐに、広島・長崎の原爆《げんばく》のようなものを考える人も多いかもしれません。ただ、あのときには、ものすごい高熱と爆風でほとんどの人が亡《な》くなり、建物が崩《くず》れたわけです。直撃《ちょくげき》で怪我《けが》などをした後遺《こうい》

●**遺伝的な異常**　約２万５千人の被爆二世を対象とした大規模調査では、遺伝子の変異等の統計学的に有意な所見は見られない（2007年３月「被爆二世健康影響調査報告」）としたほか、各種調査でも、染色体異常や新生児の障害等の発生率には差がないと報告されている。

症《しょう》の残っている人がいたりはするものの、その後の広島・長崎では、人間として、何らかの遺伝的な異常がずっと残るようなわけでもなく、街も再建されました。

これに関し、私が勉強したもののなかで非常に心に残っている話があります。

長崎に原爆が落ちた直後のころ、ある人は、「もう二度と、この都市は復興《ふっこう》できないだろう」と思っていたところが、道を歩いていると、蟻《あり》の行列を見たそうです。そのとき、「ああ、原爆のあとにも蟻が生きている。ということは、まだ、生命は生きられるんじゃないか。他のいろいろな動物も、人間も、植物もいけるんじゃないか」と思ったといいます。

●心に残っている話　長崎医科大学教授で放射線の研究者・永井隆が、被爆直後の長崎の状況を、専門家の視点で冷静に観察・描写している（『この子を残して』参照）。

そして、実際、そのとおりになってきました。神戸《こうべ》も二十年で復興しました。広島も長崎も、今、隆々《りゅうりゅう》と栄えています。

私たちは、そうした被害を第一次的に止《と》めることはできないことが多いのですが、「復興していく力」はあると思うのです。やはり、復興の過程で、苦しみに耐《た》えつつ、それを乗り越《こ》え、その尾《お》を引きずらずに、もうひとつ、よいところを考え直していくことも大事なのではないでしょうか。

東日本大震災《だいしんさい》の「トモダチ作戦」に見たアメリカの友情

そうした緊急《きんきゅう》事態の最初期には、政府、あるいは自衛隊のような大きな組織がなければ、どうにもならないのは事実ですし、米軍にしても、東日本大震災《だいしんさい》では「トモダチ作戦」でずいぶん助けてくれました。

しかし、阪神《はんしん》・淡路《あわじ》大震災が起きて米軍が助けに来ようとしたときには、当時の総理（村山富市《むらやまとみいち》氏）や兵庫《ひょうご》県知事が革新系の人だったこともあり、日本は断《ことわ》ったのです。

空母を神戸《こうべ》に寄《よ》せれば、そこに三万人ぐらいは避難《ひなん》できるので、米軍からそういう提案をされたわけですが、断ってしまったのです。また、知事からの要請《ようせい》の遅《おく》れにより、自衛隊の出動も遅れました。

それによって、非常に救済が遅れたため、その教訓から、東日本大震災では、「トモダチ作戦」で助けに来てくれたアメリカの支援《しえん》を受けたわけです。

彼らも、先の大戦で日本に大きな傷痕《きずあと》を残したことは知りつつも、今の日本に対し、「何とかして手助けしたい」という協力的な気持ちは持ってくれています。そういうアメリカのフレンドシップ（友情）についてはプラスに評価すべきではないかと、私は思っています。

宇宙飛行士は福島の何倍も被曝《ひばく》しているという事実

さらにもう一つ付け加えるならば、みなさんは放射線を怖《こわ》がっていると は思いますけれども、例えば、宇宙飛行士たちはみな、放射線を大量に浴びています。宇宙線のなかには放射線が入っているため、宇宙飛行士はかなり被曝《ひばく》しているのです。実は、そうとう被曝しています。

つまり、宇宙飛行士が国際宇宙ステーションに何カ月かいると、「福島では年間一ミリシーベルト以内」などと政府が決めている基準をはるかに超《こ》えた量の放射線を、全員が浴び続けていることになります（注。国際宇宙ステーションに滞在《たいざい》した場合の被曝量は、一日当たり〇・五～一ミリシーベルトであるため、二日間滞在すれば福島の

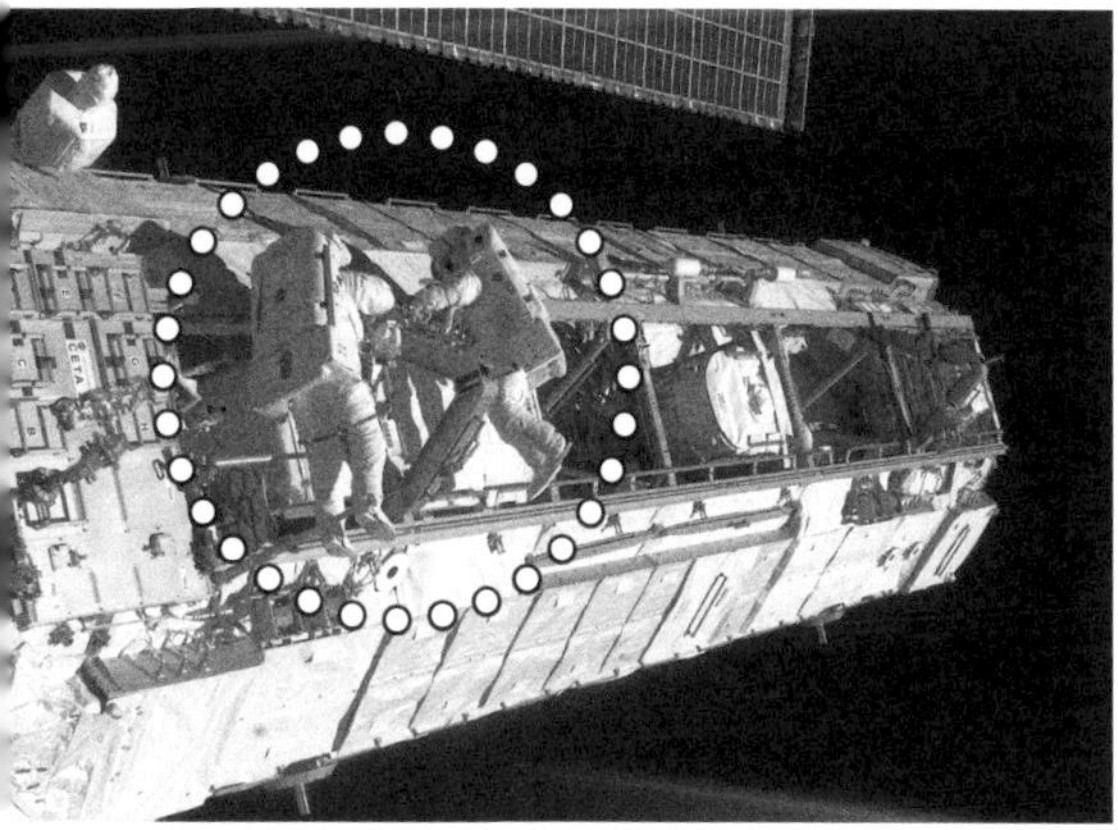

地球を見下ろす国際宇宙ステーションで船外活動を行う宇宙飛行士（写真丸囲み部分）。

年間被曝量の上限以上になる)。

これについて、マスコミは一切《いっさい》報道しませんが、実は、福島の基準ならば禁止される量を超えた、もっともっと激しい量の放射線を彼らは受けているわけです。それにもかかわらず、宇宙飛行士のなかで、宇宙での被曝が原因でガンになった人は、一人も報告されていないのです。

そのようなものを見るかぎりでは、「少々の放射能汚染《おせん》等があっても、人体にそれほどの危害は及《およ》ばないのではないか」というように、今のところ、私は見ています。それよりも、やはり、「心の問題」のほうが大きいかと思うのです。

ですから、そろそろ正常に戻《もど》っていったほうがよいのではないかと思います。

核《かく》処理の方法を開発して「世界最先端《さいせんたん》の原子力技術」を持とう

それから、「核《かく》燃料棒の処分をどうするか」というような技術的な問題もありますけれども、「東京電力、どうにかしてください」ということで、それを埋《う》めるなり再利用するなり、どのようにするかを開発するのが「新しい科学技術」なのでしょうし、それをつくることができたら、原子力技術としては世界の最先端《さいせんたん》になるでしょう。やはり、そういうものを開発するために頑張《がんば》ってほしいところです。

福島原発の教訓を生かした日本の最新型原子炉の例

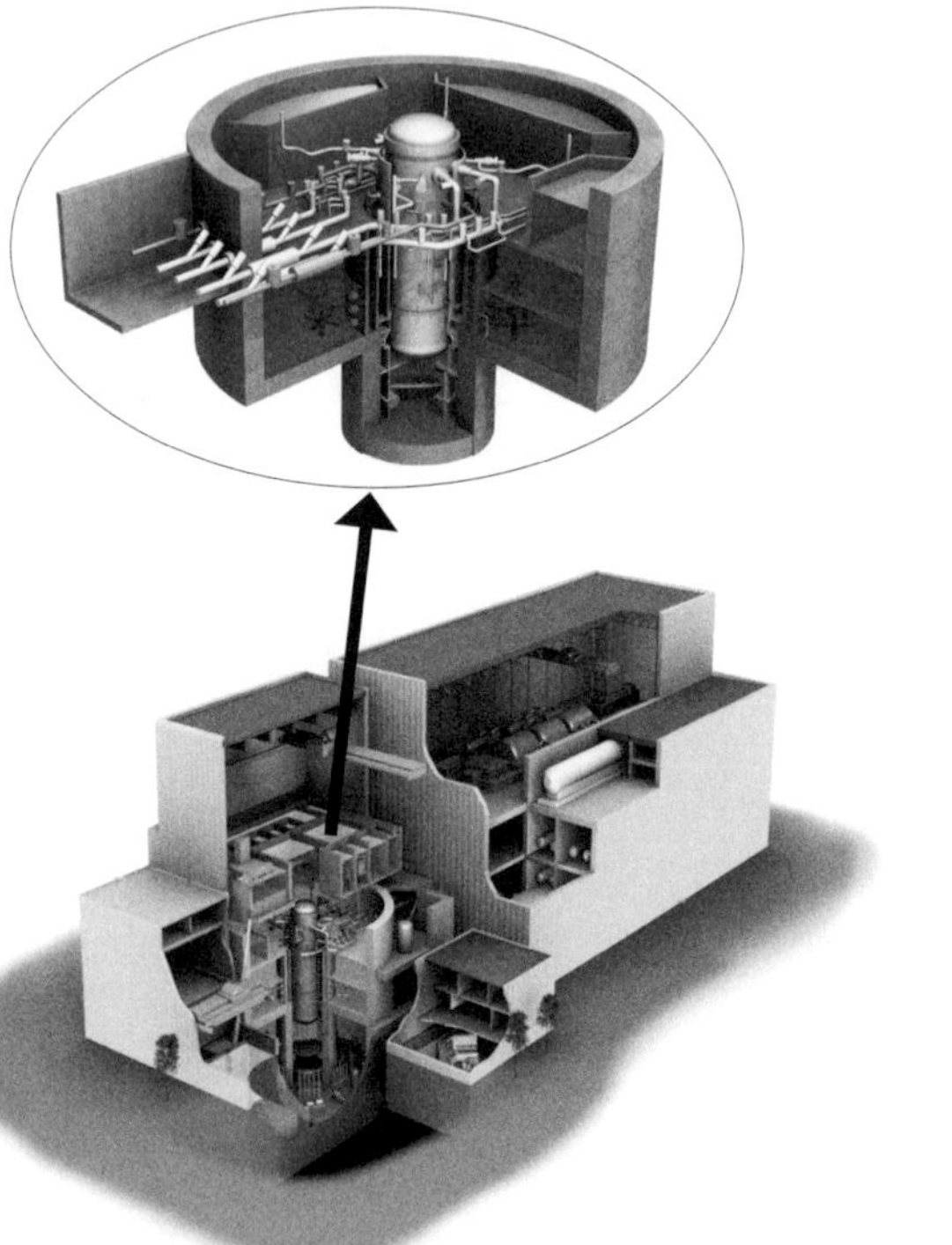

原子炉の「第3世代+」に当たる世界最先端の設備を日立製作所と米ゼネラル・エレクトリックの合弁会社「GE日立ニュークリア・エナジー」が共同開発（図：高経済性単純化沸騰水型炉ESBWR）。原子炉の上部に冷却水が配置されているため、緊急時には重力で自然に落下して炉内の水量を維持し、福島原発事故のように電源が喪失する事態が起きた場合にも、自動で72時間は自己冷却できるようになっている（上：ESBWR原子炉拡大図）。
そのほか、最新技術を取り入れた原発として、東芝の改良型沸騰水型軽水炉（ABWR）や三菱重工業の改良型加圧水型軽水炉（EU-APWR）などがある。

6　悲劇を「逆手《ぎゃくて》」に取ってさらなる発展を

復興《ふっこう》が進む福島を視察して感じたこと

福島のみなさんは、できるだけ早く震災《しんさい》前の状態、あるいはそれ以上の「発展」に向かっていくべきだと思うのです。

今、地価の上昇率《じょうしょうりつ》は、福島が全国トップレベルにまで上がっているようです。これはおそらく、復興《ふっこう》に向けて、土地、建物の買収・増築等が急ピ

●**地価の上昇率**　国土交通省2015年発表の公示地価では、福島県いわき市が住宅地の地価上昇率で全国の上位10地点を占めた。

ッチで進んでいるからだろうと思います。

ちなみに、今回、沿岸部のスーパー堤防《ていぼう》も見てきましたが、私が思っていたよりも低かったので、「あれ？」と思いました。スーパー堤防は「万《ばん》里《り》の長城《ちょうじょう》」のように言われていたので、長さ四百キロぐらいは続くすごいものなのかなと思っていたのですが、実際に見ると、「あれ？　この程度ですか？」という感じでした。

あの程度であれば、吉野川《よしのがわ》の堤防と大して変わらないぐらいの高さに見えなくもありません。川の洪水《こうずい》対策用の堤防ぐらいの高さしかないので、「こんなもので津波《つなみ》が止まるのだろうか」と、一瞬《いっしゅん》、思いました。

あの程度のものでよいのかどうかはよく分かりませんが、四百キロもつくるのは大変なことでしょう。しかし、それによって、いちおう雇用《こよう》を生み、お金が落ちることにはなりますので、悪いことではないとは思います。

ただ、本当は、地震の予知ができ、みなが逃《に》げられるようになれば、一人も被害《ひがい》が出ないものではあるので、「地震予知」に関する科学技術が、もう一段進展するとよいかもしれません。必ず物理的原因があるので、事前に震源地のあたりの予測が立てば、もう一段の対策ができる可能性はあります。

福島県産物が早く全国に流通することを願って

海辺《うみべ》に住む人たちは、いつも自然の脅威《きょうい》と対決しているわけですが、海から離《はな》れたら職業が成り立たない方も多いでしょう。

私は、漁業あるいは農業、その他の福島県産物が、全国で早く通るようになっていくといいなと思っています。

幸福の科学グループが製作する次の映画（「天使に〝アイム・ファイン〟」）にも、そういうテーマを少し入れるつもりでいます。例えば、〝福島の野菜〟ということで嫌《きら》われているものを、乗り越《こ》えていくようなところなども考えていますが、実際、あまり恐《おそ》れるほどのことはないのです。

「微量《びりょう》の放射線は身体《からだ》によい影響《えいきょう》がある」という説もある

実は、「微量《びりょう》の放射線であれば、身体《からだ》によいらしい」ということも分かってきているようです。当会の本部にも頭の禿《は》げている幹部がたくさんいますが、もしかすると、福島に来れば髪《かみ》の毛が伸《の》びる可能性もあります。現実に髪が生《は》えてくる可能性もあるので、しばらくこちらで勤務してもよいのではないかと思います（会場笑）。

もし、本当に生えてきたら、それは効能があるということでしょうから、

●微量の放射線　電力中央研究所「放射線ホルミシス効果検証プロジェクト」では、ラットに対する低線量放射線の照射により、老化や糖尿病、ガン抑制等に有意な効果が見られることが確認された。

そうすれば大勢の人が来るようになり、「年を取ったら福島に移住するといい」「なるべく原子力施設《しせつ》の近くに住むようにすると、毛が生えてきやすい」などといったことが起きるかもしれません（会場笑）。

放射線は、おそらく、「生命の発生」や「成長力」とも関係があるのではないでしょうか。そうなると、ゴジラの映画なども、あながち嘘《うそ》ではない可能性が出てきます（注。映画「ゴジラ」シリーズに登場するゴジラは、「現代にまで生き延びていた恐竜《きょうりゅう》の子孫《しそん》が、核《かく》実験等の放射線を浴びて怪《かい》獣《じゅう》化したもの」という設定になっている）。

そのように、「もしかすると、放射線は成長力と何らかの関係があるのではないか」と思うわけです。

このあたりのことについても、また研究してみたいところではあります。

天使たちは見捨てず、ずっと見守っている

さまざまなことを述べてきましたが、みなさんは、どうか、「恐怖心《きょうふしん》の克服《こくふく》」を大事にしてください。

それから、「天使たちはみなさんを見捨てることなく、ずっと見守っている」ということも忘れないでほしいのです。そして、みなさんには、「〝死んでからあとの仕事〟もまだある」ということも忘れないでほしいのです。

大事なことは、人生を考えるに当たり、そうした悲劇や不幸を乗り越

えていくなかで、「人間としてもう一段賢《かしこ》くなり、人生観を深める」こと、あるいは、「他の人の苦しみや悩《なや》みが分かり、他の人を理解できる人間になっていく」ことです。それが「成長」だと思うのです。

人生のなかではさまざまな不幸が起きますけれども、そこに、ある意味での「天の配剤《はいざい》」があるのではないでしょうか。

時折、そういう出来事に遭《あ》う人を見ることは、ほかの人にとっても、「ああ、自分たちは不満いっぱいで生きていたけど、あんな悲劇を見ると、普通《ふつう》に生きられているというだけでも幸福なんだな」というように、わが身を振《ふ》り返る機会にもなっているのではないかと思います。

例えば、福島については「エル・カンターレを反省させる契機《けいき》」にもなっていて、「わが力及《およ》ばず、まことに申し訳ない。福島はこんなに問題になっているけれども、よく見てみると、幸福の科学の会員数があまり増えていない。やはり会員数が少ないのは問題だったかな」と反省することは多々あります。

そういうこともあるので、どうか、悪い事件も「逆手《ぎゃくて》」に取って、発展への契機にしていくこと、「人生すべて返し技《わざ》」で生きていくことが大事です。

いずれ百年後には、私もみなさんもこの世には存在しませんから、あの世でもう一段のパワーが持てるように、この世を魂《たましい》の修行場《しゅぎょうば》として百パーセント使い切ることが大事なのではないでしょうか。

第2章

質疑応答

二〇一五年四月二十九日
福島県・幸福の科学 郡山《こおりやま》支部精舎《しょうじゃ》にて

1　日本人の魂《たましい》としての「武士道」とは

Q1　先日、霊言《れいげん》を賜《たまわ》りましたペリリュー島守備隊長の中川州男《なかがわくにお》大佐《たいさ》、沖縄戦《おきなわせん》司令官の牛島満《うしじまみつる》中将《ちゅうじょう》は、愛のために戦い、日本の神々を護《まも》るために戦った「光の天使」であると思います（『パラオ諸島ペリリュー島守備隊長　中川州男大佐の霊言』『沖縄戦の司令官・牛島満中将の霊言』

『パラオ諸島ペリリュー島守備隊長　中川州男大佐の霊言』
（幸福の科学出版）

『沖縄戦の司令官・牛島満中将の霊言』
（幸福の科学出版）

〔共に幸福の科学出版刊〕参照）。

そこで、仏法真理《ぶっぽうしんり》の観点から、愛ゆえに戦う「日本の武士道」について、さらなるご教示を賜れればと思います。

「価値観が変わる時代」では、天使同士で戦う場合もある

大川隆法　沖縄ではなく、福島のほうで「武士道」についての質問が来るとは思いませんでした（笑）（会場笑）。

ただ、東北のほうでもいろいろと戦《いくさ》はありました。幕末であれば、「会《あい》津《づ》の精神」や「白虎隊《びゃっこたい》」など、いろいろとあったわけです。このように価

値観が逆転して、「正義」だったものが「賊軍《ぞくぐん》」にされる場合もあるので、武士道とは難しいものです。

新撰組《しんせんぐみ》も、今の警視庁に当たるものでしたが、その後、「逆賊」として追われる立場になったので、「価値観が変わる時代」では、ある意味、天使同士で戦うような局面が起きる場合もあります。

そのため、「保守」と「革新」が引っ繰《く》り返るときがあるわけです。

「人を生かすために、死ぬことをも恐《おそ》れない」のが武士道

先日のNHK大河《たいが》ドラマ（「花燃《はなも》ゆ」）では、吉田松陰《よしだしょういん》の最期《さいご》のシーンが

ありました。それを観《み》ると、吉田松陰が左翼《さよく》だか右翼だか分からない状況《じょうきょう》で、「左翼のテロリスト」のようにも見えるし、「右翼の軍国主義者」のようにも見えるのです。つまり、どちらにも見えるところがありました。しかし、基本的に「その人が天使かどうか」というのは、その人が持っているハートの部分を見れば分かります。

例えば、「他の人への愛」などです。あるいは、「国への愛」「郷土《きょうど》への愛」「社会への愛」など、より高次な愛を持っていることです。それから、個人が利己心ではなく、純粋《じゅんすい》な気持ちで厳しい人生を生きようとしていることです。

そして、「武士道と云《い》ふは死ぬ事《こと》と見つけたり」（『葉隠《はがくれ》』）と言いますが、それは、「死ぬために死ぬ」というわけではありません。武士道とは、「人を生かすために、死ぬことをも恐《おそ》れない」ということなのです。

したがって、武士道のもとには、「この世とあの世があり、自分の魂《たましい》は永遠だ」という考え方があります。

例えば、楠木正成《くすのきまさしげ》のように「七生報国《しちしょうほうこく》」といって、「七回生まれ変わっても、国のために報《むく》いる」という人もいます。

あるいは、吉田寅次郎《とらじろう》（松陰《しょういん》）は、「二十一回猛士《もうし》」という号でした。「吉田」の字を分解すると「二十一回」になるらしく、「生涯《しょうがい》で二十一回、同じように突撃《とつげき》していき、革命家になる」というつもりで亡《な》くなったようです。

そのように、「転生輪廻《てんしょうりんね》の過程を何度も繰り返してでも、世のため、人

●**二十一回猛士**　野山の獄に収監中、松陰の夢に神人が現れ、「二十一回猛士」と書かれた名刺を手渡したとされる。「吉田」という字は、分解すると「十、一、口、十、口」で、組み合わせると「二十一回」。また、寅次郎の「寅」は「虎」であることから、「猛士」とは「虎の猛を奮《ふる》う者」という意味であると、松陰は解釈した。

のために尽《つ》くしたい」という気持ちを持っている人は、たとえ、この世でどのような悲惨《ひさん》な死に方をしたり、途中《とちゅう》で倒《たお》れたりしたとしても、地獄《じごく》で迷ったり、苦しんだりするようなことはないのです。

日本には「帝国《ていこく》主義を食い止める」という目的があった

したがって、人のために命を捧《ささ》げた人たちは、「英霊《えいれい》」として祀《まつ》られる傾向《けいこう》がありますが、それは間違《まちが》っていないのです。宗教的にも間違っていません。

国別に、それぞれ自国を護るために戦った人たちがいるので、「片方が敵で、片方が味方」「片方が悪魔《あくま》で、片方が天使」と見がちであるけれども、そうでもないわけです。「国対国の戦い」の場合は、お互《たが》いに天使もいれば、悪魔も存在することがあります。

確かにトップ一人が原因であることも多いですし、上層部の一部が原因であることもあります。そのため、私たちは歴史の授業で、「先の大戦は日本の軍部の独走で起きた」というようにずっと習ってきたのですが、「どうもそうではなかった」ということが、宗教家になり、活動をしてきて分かりました。

つまり、「日本には大きな使命があった。『西洋列強が四百年、五百年かけてずっと推《お》し進めてきた帝国《ていこく》主義を食い止める』という目的があったらしい」ということが分かったのです。その目的達成のために、日本は大きな被害《ひがい》を受けましたけれども、世界は大きな転換点《てんかん》を迎《むか》えました。

「思想戦」によって平和裡《り》に世界を導く幸福の科学

これから、世界はもう一回、大きな転換点を迎えると思いますが、私がやっていることも、ある種の「革命」です。

中国に対しても厳しい批判をしていますが、別に中国が憎《にく》いわけではありませんし、中国の人に死んでもらいたいわけでもありません。ただ、中国の考え方を変えようとしているのです。

私の著作は中国語版でもたくさん出されているので、中国の人でも、読んで理解してくれている方がそうとういます。要するに、「孫文《そんぶん》が失敗した中国の民主主義化を、もう一回やり直さなければいけない」ということを言っているわけです。

香港《ホンコン》の「雨傘《あまがさ》革命」は敗れたかもしれませんが、彼らは最後まで抵抗《ていこう》すると思います。今、中国は巨大《きょだい》になっていますし、いわゆる「ビヒモス」のような〝陸の怪獣《かいじゅう》〟になり、次に「リヴァイアサン」のような〝海の怪獣〟にもなって世界を覆《おお》おうとしているけれども、ある意味での「崩壊《ほうかい》」、「亀裂《きれつ》」が始まっているのです。

そのために、幸福の科学は「思想戦」をそうとうやっています。そして、

●ビヒモス　『旧約聖書』に登場する巨大な陸の怪物。カバまたはゾウのような姿で、骨は青銅の管、肋骨は鉄の棒のように硬いという。

●リヴァイアサン　『旧約聖書』に登場する巨大な海の怪物。竜のような姿を持ち、硬い鱗や、鋭く巨大な歯を持ち、口から炎を吐くという。

実際に多くの人が死んだりするようなことがないかたちで、平和裡《り》に世界を導いていきたいと思っているのです。

「覇権《はけん》の対立構造」を終わらせるために必要なこと

今、「覇権《はけん》の対立構造」を見ると、安倍《あべ》首相はアメリカへ行って、アメリカとの関係を深くしようとしていますが、中国のほうはアジア、アフリカ、ヨーロッパまで、自分の支配圏《けん》に入れようとして動いています。

2015年４月29日、アメリカ議会上下両院合同会議で演説した安倍首相（上）。日米同盟の固い結束を確認するとともに、覇権拡大を目論《もくろ》む中国の動きを牽制した。

このままで行くと、〝冷戦《れいせん》〟から〝熱《あつ》い戦争〟に変わる可能性もありますが、私は、その前にそれを終わらせようと思っているので、決して「戦争礼賛《らいさん》」の立場でやっているわけではないのです。そういう目に遭《あ》わせずに終わらせようとしているわけです。

中国の価値観を、共に話し合える同じ土俵《どひょう》の価値観に変えれば、中国は変わります。彼らにも言論や出版、報道の自由を与《あた》え、人権を与え、同じ土俵で話し合うようにすれば、「何がおかしいか」が分かるようになりますので、これをやろうとしているのです。

これについては、今、天上界《てんじょうかい》からも〝圧力〟を加えています。無名ではあるけれども、中国にも「光の天使」は隠《かく》れていますし、そこにも力を加えていますので、十年以内にだいたい決着がつくと思います。

ただ、それには非常に力が要《い》ります。そのため、教団にもう一段の力が欲《ほ》しいのですが、福島の復興と同じでやや遅《おく》れているのです。力が少し足りないので、立ち上がりたいけれども立ち上がれないわけです。

幸福の科学がもう一段広がるとよいのですが、日本のマスコミも十分には協力してくれないですし、政府もフニャフニャ言って、ほかの宗教と同じくほったらかしにしているような状況です。「国を発展させる宗教はどこで、発展させない宗教はどこか」ということを、もう少し選《よ》り分けて考えればよいのでしょうが、どうも既成《きせい》のものが邪魔《じゃま》をする傾向が強く、考えが変わるのが遅いのです。

そこが、たいへん残念ですが、「それでも、一歩でも、二歩でも進むしかない」というように思っています。

永遠の命を信じ、極限まで自分を試《ため》しつつ戦う

そういう意味で、「武士道」とは、命を軽《かろ》んずることではありません。それは、「永遠の命を信じるなかで、極限まで自分を試《ため》しつつ戦う」ということです。

私も、ずいぶん危険なことをたくさんやってはいるのです。楽そうにやっているように見えるかもしれませんが、実際は楽ではないのです。信者

が増えれば増えるほど、夜中に祈願《きがん》の念が世界中からたくさん〝飛んでくる〟からです（笑）。

それでも、私は受け止めようとしています。どうせ、あの世に還《かえ》れば、全部やらなければいけないことであるので、この世でなるべく解決したいと思っています。

福島から「新しい風」が吹《ふ》くことを期待している

福島で武士道の話は十分に説けないかもしれません。

確かに、福島は百数十年前にも辛酸《しんさん》を嘗《な》めていますし、賊軍《ぞくぐん》にされて苦しんだ面があるでしょう。そのときは、保守だったものが「逆」になってしまったわけですが、そういう「価値観の戦い」があるのです。

また、福島の土地柄《がら》としては、「現状を維持《いじ》したい」という気持ちが非常に強いと思うのですが、「新しいことに挑戦《ちょうせん》しよう」という気風《きふう》をつくってもよいのではないでしょうか。そういう県民性から見たら、あまりやれないようなことに挑戦することも、武士道の一つかと思うのです。

今、幸福実現党の人たちも〝武士道の実践《じっせん》〟をしており、毎年、桜の花のように散っていきながら頑張《がんば》っているのですが、今回の地方選（二〇一五年 第十八回統一地方選挙）では、公認候補と推薦《すいせん》候補を合わせて八人ほど当選しました。六年目に少し花が咲《さ》き始めたようです。

このようにジワジワと当選させてもらいますが、もう一段の力がなければ、「世界」までは行けないでしょう。つまり、どこかで、「善の回転」というか、追い風が吹《ふ》くように持っていかないといけません。

福島は注目されている地域でもあるので、どうか、ここから新しい風を吹かせる努力をし、自分の利益だけではないところを考えてやってもらえれば、ありがたいと思っています。

2 人類を食糧《しょくりょう》危機と戦争から救うために

Q2 私は、娘《むすめ》と共にHSU(ハッピー・サイエンス・ユニバーシティ)の植物工場研究室を寄付させていただきました。

また、二〇一二年に、幸福の科学の精舎《しょうじゃ》で受けた研修のなかで、「陸上の養殖《ようしょく》」についてのインスピレーションを頂いて、それをもとに岡《おか》

ハッピー・サイエンス・ユニバーシティ
「現代の松下村塾」として2015年4月に開学した「日本発の本格私学」(創立者・大川隆法)。「幸福の探究と新文明の創造」を建学の精神とし、初年度は「人間幸福学部」「経営成功学部」「未来産業学部」の3学部からなる(4年課程)。

山《やま》県の方々とウナギの養殖に取り組み、今年の夏には出荷《しゅっか》できる運びとなりました。

今後、食糧《しょくりょう》危機の時代が来るかもしれないという予測もありますが、天照大神様《あまてらすおおみかみ》が広められたと伝えられている蚕《かいこ》について、食用としての可能性を本格的に探《さぐ》りたいと考えています。このようなテーマについても、ＨＳＵの研究対象とすることはできるでしょうか。

世界人口が百億人に向かっている今、食糧《しょくりょう》危機に備えた研究を

大川隆法　今、当会では、やるべきことがたくさんありすぎて、何から手

をつけたらよいのか分からないところではありますが、そうした混沌《こんとん》のなかから何が出てくるかという、〝びっくり箱〟のような実験をしているとも言えます。

今の質問にもありましたように、「野菜工場」や「内陸部での養殖」、その他の食糧《しょくりょう》づくりに関しては、まだまだ取り組んでいかなければいけないことです。

現在の日本は人口が増えなくて困っていますが、世界の人口は七十億人から百億人へと向かっているので、今後、あと三十億人も増えるとしたら、そのうちの十億人から二十億人は、おそらく食糧危機に陥《おちい》ると思われます。それによって、もっともっと貧困《ひんこん》が広がり、戦争や内乱などの危機につながっていくと思うのです。

中国も、食糧が満たされれば、もう少し穏《おだ》やかになるところはあるでしょう。中国が海のほうに出て行きたがっているのは、やはり、漁業資源などを獲《と》りに行っているところもあるのです。とにかく、以前に日本が獲っていたようなところはすべて獲りに行きたいのだろうと思われるので、世界中の魚を中国人が食べ尽《つ》くしそうな感じがします。

また、インドの人口も、今は十二億人まで増えてきています。インドには転生輪廻《てんしょうりんね》の思想があるので、魚はあまり食べないのですけれども、いずれ、そうも言っていられなくなるかもしれません。したがって、彼らが食べられるものもつくらなければいけないわけです。

次の食糧源《しょくりょう》として考えられている「昆虫食《こんちゅうしょく》」

中国やインド等でも蚕を食べられるかどうかは知りませんが、インドの人たちも、幼虫のようなものは、かなり食べるようです。

あちらの山間部《さんかんぶ》のほうに行くと、セミやカブトムシなどの幼虫を炒《いた》めたような食べ物が、けっこうなご馳走《ちそう》として使われているらしく、日本人はなかなか食べられないとは思いますが、「味覚《みかく》」はいろいろあるわけです。

それから、今では、コンクリートブロックのようなもののなかで、ゴキブリを養殖している中国人もいます。繁殖《はんしょく》力が強いので、〝清潔《せいけつ》なゴキブリ〟を大量につくり（会場笑）、それを捕《つか》まえて、天ぷらに揚《あ》げたようにカリカリにした、スナック菓子《がし》的なものを食べているらしいので、驚《おどろ》きです。さすがに日本ではまだ売れませんが、中国では食べられています。

「人口が増えてくる」というのはそういうことで、次の食糧《しょくりょう》源として、世界ではすでに、「昆虫食《こんちゅうしょく》」が二割ぐらいまで来ているのです。

悲惨《ひさん》な飢《う》え死《じ》にとか、あるいは人の殺し合い、最悪になると、昔の風習ではありますが、「人肉《じんにく》を食べる」などということもありえますので、とにかく、あらゆる角度から取り組み、そういったことになるのは避《さ》けたいと考えています。

食糧《しょくりょう》不足による戦争を避《さ》けるための急務とは

「食糧《しょくりょう》不足」になれば、必ず戦争になります。部族同士の戦いなどといったことが必ず始まるのです。やはり、こうしたことは避《さ》けられるようにしたいと思います。

釈迦《しゃか》の時代にも、川の水の利用権等をめぐっての戦いがたくさんありました。水を引くことができたら、そこには田畑ができるでしょうから、「どちらが水利権《すいり》を持つか」ということで、けっこう殺し合いが起きたりもしていたのです。

したがって、やはり、「全範囲《はんい》にわたって食糧を供給するシステムを、いかに効率よく汚染《おせん》のないかたちでつくれるか」という研究は急務かと思います。

ここ郡山《こおりやま》は意外に食糧が多いようで、今朝、泊《と》まっていたホテルの朝食には、トーストが一人当たり三枚も出てきました（会場笑）。郡山の人は、朝からパンを三枚も食べるのでしょうか。東京では一枚しか食べないので、「三枚も食べるなんて、みなさんはすごく働かれるのだろうな」と思って感心したのです。郡山は、意外に食糧豊富のようです（会場笑）。

いずれにせよ、いろいろと異質な食糧があり、あるいは、かたちが見えないようにして食べる方法もあろうかと思うので、これについては、やはり、研究の余地があるでしょうし、今後、急速に必要になってくるでしょう。国内にいると、あまり分からないことですけれども、海外では必要になってくると思うのです。

あるいは、ネパールのようなところを支援《しえん》するにしても、「食糧支援をどういうかたちでするか」という問題はあると思うので、ここは、何とかその方向でやりたいと考えています。

高付加価値の農産物で国際競争力を高めよう

ＨＳＵでは、野菜工場を経営している有名な人が講師で入ることになっているのですけれども、忙《いそが》しすぎるため、短期集中講義をすることになっているようです。「あまり働きすぎて死なれたら困るな」と思って、私も多少気にしているところです。

お盆《ぼん》などの休暇《きゅうか》中ぐらいしか教えられないという人は、かなり危ないでしょう。非常にきつい仕事をしているようなので、やはり、経営が楽になるように、上手にやらなければいけないと思っています。

これも、隙間《すきま》産業のときには、ある程度はうまくいくのですが、市場《しじょう》が大きくなってくると大企業《だいきぎょう》が入ってくるので、競争が激しくてなかなか難しいところがあります。

その一方で、今、香港《ホンコン》や上海《シャンハイ》あたりでは、日本の高価なイチゴなどがたくさん売れているようです。

そういう高品質のものがけっこう売れるようになってきているということで言えば、いわゆる一般《いっぱん》的な「食糧危機対策」と同時に、「輸出できる農業」というのも、一つのテーマであると思います。食料品や農作物等で、「輸出できる付加価値の高いものとは何か」ということを、PRしつつ上手に出していくルートをつくっていくのも大事なことでしょう。

TPP等に反対している農家の人も多いとは思いますが、やはり、「競争に勝てるようなものをつくる」ということも非常に大事だと思うのです。

例えば、以前は、ステーキはアメリカが本場であり、日本などは明治期にやっと入ってきたぐらいなので、「日本の肉なんか食べられるか」と言われていました。

しかし、「ニューズウィーク」の記者が、アメリカのホテルにて、焼いた石の上でステーキをジューッと焼く「石焼き」で、日本の神戸牛《こうべぎゅう》か何かの霜降《しもふ》り肉のステーキを食べたところ、「極上《ごくじょう》だった。とろけるようだ。もう天国に召《め》されそうだった」というような感想を持ったようです。「こんなにうまい牛肉を日本人は食べているのか。ちょっと驚いた」ということだったのです。アメリカでは、ただ厚い肉をボタッボタッと引っ繰《く》り返して焼いているだけなので、味がそれほどデリケートではないわけです。

そのように、他国にPRしたり試食させたりすることで、高付加価値のものをつくれる可能性はまだまだあると思います。

ですから、「一般的な食糧危機対策用の開発」と、「高付加価値のものは何であるか」というところを研究することです。

例えば、イチゴのなかには、一パックで三千円の値段が付いたりするものもあるらしいのですが、確かに、「あまおう」のように大きな粒《つぶ》で、ものすごく甘《あま》く、「こんなイチゴは食べたことがない」と思うようなものは、たくさんあります。そういうものを食べたことのない人は、「酸《す》っぱいものだと思っていたのに、こんなものがあるのか」と思うわけです。例えば、トマトのなかでも、おいしい完熟《かんじゅく》トマトのようなものもあります。

こういう技術を輸出できる可能性があるところまで加われば、まだまだ農業にも魅力《みりょく》があるのではないでしょうか。

このあたりは、ＨＳＵとしても力を入れていきたいと思いますので、今後ともご支援のほどよろしくお願いします。

3　この国を変える「宗教の力」とは

Q3　私は東北学生部の信者で、歯学部に通っています。今、「原発反対」と言って活動している左翼《さよく》の人たちが数多くいますが、左翼には、あの世を信じていない人が多いと聞きます。

私が伝道している歯学部の教授や学生たちのなかにも、あの世を信じていない、頭の固い人が多くいます。そうした人たちに、私は、将来、左翼的な思想に染まってほしくないと思っています。

そこで、「どうすれば、そのような人たちに真実に目覚めていただき、伝道を進められるのか」を教えていただければ幸いです。

「精神的なものを軽視する教育」は何とかして変えていきたい

大川隆法　これは、今、国内において、思想戦が起きているところであり、「教育革命」として、幸福の科学グループが取り組んでいることでもあります。

明治以降、日本も西洋型の近代教育を取り入れたのですが、どうも留学した人たちは、「実用の学」だけを持って帰ったようです。

例えば、歯学や体を切るような医学、あるいは、工学系統などは西洋のほうが進んでいたので、それらを日本にたくさん持ってきたわけですが、「西洋の人たちは、機械や物を扱《あつか》いながらも、その奥《おく》に、やはり、『神様の心を常に考えてやっている』という気持ちがある」というところまでは学ばずに帰った人が多くいました。

そうした「プラグマティック」というか、アメリカの実用主義的なところだけを入れて、「アメリカ人が神様を信じている」というところを入れていないことが、かなり多かったのです。

『西洋事情』という本を書いた福沢諭吉《ふくざわゆきち》のような人でも、『福翁自伝《ふくおうじでん》』のなかでは、「お稲荷《いなり》さんの御神体《ごしんたい》である石ころを放《ほう》り出して、ほかの石をなかに入れておいたが、祟《たた》りなどなかった」というようなことを自慢気《じまんげ》に書いています。

そのため、「慶応《けいおう》の学生は信仰心《しんこうしん》があまりない」ということで、福沢さんは今、責《せ》められており、幸福の科学学園からも、慶応大学の受験者が今年（二〇一五年）は激減しています。早稲田《わせだ》大学のほうは多かったのですが、慶応の受験者は減りました。

確かに、実用主義自体はよいものであるし、「牛肉を食べると角《つの》が生《は》える」というような迷信《めいしん》が流行《はや》っている世の中もよくないわけですが、「実用的なものだけを取り入れればよい。その奥にある精神的なものは後回しだ」というやり方も、やや考えものでしょう。欧米人《おうべいじん》たちの心の底には、やはり、神やキリスト教の考え方が入っていたのですが、その部分が日本に入るときに抜《ぬ》けているわけです。

また、百何十年にも及《およ》ぶ日本の近代教育のなかには、東大の初代総長あたりから、哲学《てつがく》でいうと、「学問の対象にならないものは切り離《はな》す」というカント的な考え方が流れています。「自分たちが実験できるような範囲《はんい》内というか、見ることのできる範囲内の研究にする」というような狭《せば》めたやり方をしており、それ以外の世界が広大無辺《こうだいむへん》にあっても、それをわざと閉《と》じ込《こ》めているのです。

これを開くために、私は霊言集《れいげんしゅう》等を数多く出して、「あの世はあります。これだけ出しているのだから、本当にあるんですよ」と言っています。ところが、そうすると、今度は、「こんな霊言なんかがあるから、学問性がない」などということを言って、文部科学省から圧力をかけてくるようなこともあるわけです。これは何とかして引っ繰《く》り返さなければいけません。

最終的には、やはり、支持者というか、信じてくれる人の数の問題だと思います。伝道しながら世論《せろん》を味方につけ、全体が、「あの世や『人間は霊だ』ということを信じるのは、当たり前だよね」というようになれば、教育の内容も変わっていくはずです。

信念を持って「宗教改革」「教育改革」を推《お》し進めよう

なお、歯科医の仕事自体は唯物《ゆいぶつ》的だと思います。歯を治療《ちりょう》するには、精神論だけでは、なかなか治りません。

「精神一到《いっとう》、砂糖であっても、人工甘味料《かんみりょう》と同じ働きしかしなくなる」ということも、ありえるかもしれませんが（笑）、やはり、甘《あま》いものを食べれば虫歯になるでしょう。そうしたことは当然であって、歯医者では、「削《けず》りましょう」と言って、ガーッとやられてしまいます。

それに対して、「それは唯物論だから、そんな器具は使ってはいけない」

と言っても、そういう治療法であるわけです。現実にはそうなので、それはよいとしても、基本的には、過半数の人たちが、「宗教はよいものであり、霊界《れいかい》も信じる」という感じにしなければなりません。

例えば、伝統仏教であっても、あの世も信じていないような人はたくさんいますが、それでは駄目《だめ》です。そういう意味で、「宗教改革」が「教育改革」につながってくるわけで、この戦いをやらなくてはいけません。

ＨＳＵについても、文科省は〝岩盤《がんばん》〟のように（大学認可を与えず）頑張《がんば》ってはいますが、要するに、当会は新しすぎるわけです。言っていることが全部新しく、全部が革命的なので、「今までの大学教育を全部ぶち壊《こわ》す」という意味では〝ぶち壊し〟です。

当会は、新しく全部をやり直そうとしており、それが日本の発展する方向であることは事実なのですが、文科省は、自分たちよりも先にやろうとするところが許せないらしいのです。

ただ、文科省に嫉妬《しっと》されるとは思いませんでした。協力しているつもりでいたのに、嫉妬されているようではあります。

もちろん、宗教はどこも弾圧《だんあつ》を受けたり、迫害《はくがい》を受けたりするものですから、多少は、無理解による偏見《へんけん》はあるでしょうし、それに対して、「辛抱《しんぼう》しなければいけない」という面もあるかと思います。

しかし、やはり、「信念」を持って推《お》し進めていくことが大切だと思うのです。

その意味で、学生部のみなさんも、「変わったことをやっている」と思われて、いろいろと言われるかもしれませんが、信念を持ってやらなければいけません。

宇宙人情報を常識に変えるための映画を続々と製作予定

また、次の映画「ＵＦＯ学園の秘密」でも、宇宙人がたくさん登場しますし、宇宙船や宇宙のシーンも出てきます。また、さまざまな原理が出てきますし、宇宙人がたくさんいることも描かれます。

おそらく、日本で宇宙人をこれほどはっきり出してきたのは、当会が初めてでしょう。「宇宙人に関する情報」は、実は、ハリウッドより当会のほうが上なのです。アメリカも宇宙人情報をたくさん持っていますが、私の情報には、はるかに敵《かな》いません。

「二百数十種類もの宇宙人を見分けている」などということは、ハリウッドでも無理です。彼らもそこまで行っていません。せいぜい、十数種類か二十種類ぐらいまでしか見えていないのです。

当会は、その十倍以上の資料を集めており、それが、「宇宙の法」シリーズのアニメーション映画として、順番に出てきます。そうした映画の内容を、だんだん常識に変えていく戦いがあるのです。

これは、「教育革命」の流れとも一緒《いっしょ》になって、ぶつかっていくと思います。文科省は、まず、「宇宙人だとかＵＦＯなんてバカバカしい」とか、「大学でそんなものは扱えない」とか言うと思いますが、やはり、これも世論を巻き込む戦いなので、とにかく、「仲間を増やしていくには、どうするか」ということを考えなければなりません。

そして、「成果は外にあり。外側に成果があるのだ」ということです。会のなかだけでやっていても、やはり駄目なのです。当会の学生部のなかだけで、お互《たが》いに、「そうだよね。そうだよね」と言って活動していても、全然、機能していません。

やはり、外側に成果があります。「今まで信じなかった人に、信じるようになってもらう」「全然、無知だった人に、無知の理由を教えてあげる。

新しい手引きをしていく」というように、「外側に成果がある」と思ってやらなくては駄目です。

政治活動は「教団の外に支持層をつくり、日本を変えるため」

そういう意味で、当会の政治活動などを見ていても、やはり考え違《ちが》いがあると思います。

政治運動というのは、教団の宗教組織の外側の層をつくるために始めたのです。「外側にいる一般《いっぱん》の人で、宗教にまでは行けないけれども、まだ政治のほうなら分かる」というような、緩《ゆる》やかな支持層というか、シンパ層を外縁《がいえん》につくるつもりで政治活動をやっているわけです。

ところが、実際上、活動を見ていると、幸福の科学の宗教組織のなかの、一部の政治好きの人たちが動いているぐらいになっていて、「やや思い届かず」というような感じになっています。つまり、幸福の科学のなかのノンポリの人、あるいは、宗教のみに関心のある人は動いていないため、組織が少し小さくなっており、「政治活動をやることによって、教団を〝小さく見せる効果〟がある」という状態に、現在あるわけです（苦笑）。

ところが、創価学会《そうかがっかい》のような団体は、最初から政治運動しかやっていないので、「選挙のときに、何百万票も入る」ということで、「公称《こうしょう》、何百万世帯」と言っています。

それは票数だけで言っているわけですが、そこには、フレンド票（間接的な支持票）がたくさん入っているし、自民党の支持者の票も入っています。つまり、政治運動で票数を多くして、教団を大きく見せているわけです。

ところが、当会のほうは、信者がもっといるのに、入っている票数はいつも少ないのです。みなさん、投票に行かずに自宅で勉強しているか、「ほかの人が頑張れますように」などと言って、御本尊《ごほんぞん》に祈《いの》っているのかもしれません。

あるいは、選挙に投票しに行くのは面倒《めんどう》くさいので行かないのかもしれませんが、信者がいるのに票数の少ないところがわりに多いのです。

やはり、私が、「外側の層をもう少し増やしたい」と思っているのだということを知ってください。

そうしないと、この国は変えられません。どこかの地域で、実験として、そうした壁《かべ》を突破《とっぱ》していけば、ほかも続いてくるので、どうか破ってください。

もちろん、人には好き嫌《きら》いがあるし、当会には、内省的な人が多いので、「外向きの活動」が苦手《にがて》な人も多いでしょう。しかし、殻《から》を破って、知行合一《ちこうごういつ》、「知ったら行動せざるをえなくなる」というところを実践《じっせん》していただければ、ありがたいと思います。

幸福の科学に入信し、活動することは「来世保険《らいせ》」に入ること

学生部について言うと、HSUもできたので、もう一度、新規開拓《かいたく》をして、強くしていくように頑張ってください。

やはり、最終的には、世論をつくり、信じる人を増やすしかありません。この本も一つのきっかけです。福島県で私が行《おこな》った講演を取りまとめた本書を読むことで、その内容を伝えられるわけですから、チャンスです。

また、本書では、次の二本の映画(「UFO学園の秘密」「天使に〝アイム・ファイン〟」〔本書第1章参照〕)についても述べましたので、そのお

誘《さそ》いも頑張っていただきたいと思います。

やはり、一つひとつが国民への啓蒙《けいもう》活動なのですから、既成《きせい》の概念《がいねん》に負けずに、「〝武士道精神〟でやってのける。悪い評判が立っても平気だ。死ぬよりましだし、万一《まんいつ》、死んでも構わない」と思って活動すればよいのです。

いずれ、誰《だれ》もが、あの世でお世話になることですから、本当のことを言っているわけです。それで、「早く〝受付〟を済ませておいたほうがいいですよ」と言っているだけなのです。

「〝受付〟を早くしないと困りますよ。いきなり災害が来て、何千人も死んでしまったりしたら、〝受付〟ができなくて困っています。だから、早めに〝受付〟をしておいてください」ということです。

宗教に入って活動すれば、きちんと「導きのライン」ができるので、幸福の科学に入信して活動していると、亡《な》くなったときに、お迎《むか》えがスムーズに来ます。その一年ぐらい前から準備をしてくれるので、絶対に入っておいたほうがよいでしょう。それは、「来世《らいせ》保険」に入るということなのです。

どうか、頑張って活動してください。

あとがき

天災は正確に予知することも、完全に防ぐこともできない。しかしそれは、繰り返し、何度も襲《おそ》ってくる。人類はその都度《つど》打ちのめされ、やがて立ち直ってくる。巨大津波と福島原発被害で失われた現代科学への信頼と、人知《じんち》の限界のショックは、必ずや克服されなくてはなるまい。

神の国は、この地上にだけあるのではない。この世とあの世を貫いて厳《げん》然《ぜん》と存在するものである。

どうしようもないこの世の不幸も、諸行無常《しょぎょうむじょう》と来世の存在を思い起こす契機《けいき》ともなろう。

私は本講演で、原子力との協調の重要性も語った。過去の宗教では語られていないことである。

今、日本が踏みとどまって、世界の中流国に転落しないことこそ、地球を救う道である。天使は決して見捨てない。真の繁栄こそ、真の救済である。

二〇一五年　五月八日

幸福《こうふく》の科学《かがく》グループ創始者兼総裁《そうししゃけんそうさい》　大川隆法《おおかわりゅうほう》

『天使は見捨てない』大川隆法著作関連書籍

『人生に勝つための方程式』（幸福の科学出版刊）
『真の平和に向けて』（同右）
『されど光はここにある』（同右）
『逆境の中の希望』（同右）
『アイム・ファイン』（同右）
『パラオ諸島ペリリュー島守備隊長 中川州男大佐の霊言』（同右）
『沖縄戦の司令官・牛島満中将の霊言』（同右）

天使《てんし》は見捨《みす》てない
――福島の震災復興と日本の未来――

2015年5月15日　初版第1刷

著　者　大《おお》川《かわ》隆《りゅう》法《ほう》

発行所　幸福の科学出版株式会社
〒107-0052 東京都港区赤坂2丁目10番14号
TEL(03)5573-7700
http://www.irhpress.co.jp/

印刷・製本　株式会社 堀内印刷所

落丁・乱丁本はおとりかえいたします

ISBN978-4-86395-674-2 C0014
写真：日立製作所／AFP＝時事／EPA＝時事

大川隆法シリーズ・**最新刊**

人生の迷いに対処する法

幸福を選択する４つのヒント

「結婚」「職場の人間関係」「身体的コンプレックス」「親子の葛藤」など、人生の悩みを解決して、自分も成長していくための４つのヒント。

1,500円

人生に勝つための方程式

逆境や苦難をプラスに転じる秘訣

人生は、死後に必ず「採点」される。「人生に勝った」と言えるための四つの条件と、さまざまなシーンで勝ち筋に入るための智慧が満載の一冊。

1,500円

映画監督の成功術 大友啓史監督のクリエイティブの秘密に迫る

クリエイティブな人は「大胆」で「細心」? 映画「るろうに剣心」「プラチナデータ」など、ヒット作を次々生み出す気鋭の監督がその成功法則を語る。

1,400円

※表示価格は本体価格（税別）です。

大川隆法ベストセラーズ・震災から立ち上がる

されど光はここにある

天災と人災を超えて

被災地・東北で説かれた説法を収録。東日本大震災が日本に遺した教訓とは。悲劇を乗り越え、希望の未来を創りだす方法が綴られる。

1,600円

逆境の中の希望

魂の救済から日本復興へ

生誕55周年記念出版
著者法話CD付

東日本大震災後、大川総裁が実際に被災地等に赴き行った説法集。迷える魂の鎮魂と日本再建に向けての具体的な指針などが示される。

1,800円

震災復興への道

日本復活の未来ビジョン

東日本大震災以降、矢継ぎ早に説かれた日本復活のための指針。今の日本に最も必要な、救世の一書を贈る。

【幸福実現党刊】

1,400円

大川隆法ベストセラーズ・「この世とあの世を貫く幸福」のために

死んでから困らない生き方

スピリチュアル・ライフのすすめ

仏陀にしか説けない霊的世界の真実――。この世とあの世の違いを知って、天国に還る生き方を目指す、幸福生活のすすめ。

1,300円

アイム・ファイン

自分らしくさわやかに生きる 7つのステップ

読めば心がスッキリ晴れ上がる、笑顔と健康を取り戻すための知恵が満載。あなたの悩みの種が「幸福の種」に。

1,200円

信仰のすすめ

泥中の花・透明な風の如く

どんな環境にあっても、自分なりの悟りの花を咲かせることができる。幸福の科学の教え、その方向性をまとめ、信仰の意義を示す書。

1,500円

※表示価格は本体価格(税別)です。

大川隆法「法シリーズ」・**最新刊**

智慧の法

法シリーズ
第21作

心のダイヤモンドを輝かせよ

現代における悟りを多角的に説き明かし、
人類普遍の真理を導きだす――。
「人生において獲得すべき智慧」が、
今、ここに語られる。
著者渾身の「法シリーズ」最新刊

2,000円

第１章　繁栄への大戦略
――一人ひとりの「努力」と「忍耐」が繁栄の未来を開く

第２章　知的生産の秘訣　――付加価値を生む「勉強や仕事の仕方」とは

第３章　壁を破る力　――「ネガティブ思考」を打ち破る「思いの力」

第４章　異次元発想法　――「この世を超えた発想」を得るには

第５章　智謀のリーダーシップ　――人を動かすリーダーの条件とは

第６章　智慧の挑戦　――憎しみを超え、世界を救う「智慧」とは

幸福の科学出版　　※表示価格は本体価格（税別）です。

幸福の科学グループ

ネパール大地震 緊急支援

大川隆法総裁は、大地震で被災したネパールに対して緊急支援を表明しました。幸福の科学ネパール支部を避難所として開放し、職員と信者による不眠不休の救援活動を行うとともに、水や食料、テントなどの物資を、インドの支部などを経由して搬送しています。幸福の科学グループは「HS・ネルソン・マンデラ基金」を通じて、被災者の支援に全力で取り組みます。

ネパールは、東日本大震災の際、
心のこもった支援をしてくれました。
いま、その恩返しをするときです。

photo：EPA＝時事

■支援金のお願い

幸福の科学グループでは、「HS・ネルソン・マンデラ基金」を通して、被災地への支援を行っています。みなさまのご協力をお願い申し上げます。

銀行振込で

銀行・支店／三菱東京 UFJ 銀行 東京営業部
口座種類・番号／普通 0605219
口座名／宗教法人 幸福の科学
※振込人氏名ご入力の際は、お名前の前に「N」と
ご入力ください。（例：N 幸福太郎）

インターネットで

幸福の科学公式サイト
ネパール地震　幸福の科学　検索

お近くの精舎・支部で

お問い合わせ先／幸福の科学サービスセンター
03-5793-1727 ［火～金］10時～20時 ［土日祝］10時～18時

■「HS・ネルソン・マンデラ基金」とは
差別や貧困を理由に苦しむ世界中の人たちに教育や治療の支援を行うための、幸福の科学グループ内の基金です。

幸福の科学グループ

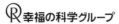

この地球《ほし》は、
宇宙に必要か？
大川隆法 製作総指揮
長編アニメーション映画
UFO学園の秘密
The Laws of The Universe Part 0
製作総指揮・原案／大川隆法
監督／今掛勇 脚本／「UFO 学園の秘密」
シナリオプロジェクト 音楽／水澤有一
総合プロデューサー／本地川瑞祥 松本弘司
美術監督／渋谷幸弘
VFX クリエイティブディレクター／粟屋友美子
キャスト／逢坂良太 瀬戸麻沙美 柿原徹也
金元寿子 羽多野渉 浪川大輔 雲母
アニメーション制作／HS PICTURES STUDIO
幸福の科学出版作品 配給／日活
©2015 IRH Press
UFO学園 検索!
©2015 IRH Press 配給/日活 配給協力/東京テアトル NIKKATSU
10月10日、全国一斉ロードショー！

幸福の科学グループのご案内

宗教、教育、政治、出版などの活動を通じて、地球的ユートピアの実現を目指しています。

宗教法人　幸福の科学

一九八六年に立宗。一九九一年に宗教法人格を取得。信仰の対象は、地球系霊団の最高大霊、主エル・カンターレ。世界百カ国以上の国々に信者を持ち、全人類救済という尊い使命のもと、信者は、「愛」と「悟り」と「ユートピア建設」の教えの実践、伝道に励んでいます。

（二〇一五年五月現在）

愛

幸福の科学の「愛」とは、与える愛です。これは、仏教の慈悲《じひ》や布施《ふせ》の精神と同じことです。信者は、仏法真理をお伝えすることを通して、多くの方に幸福な人生を送っていただくための活動に励んでいます。

悟り

「悟り」とは、自らが仏の子であることを知るということです。教学《きょうがく》や精神統一によって心を磨き、智慧《ちえ》を得て悩みを解決すると共に、天使・菩薩《ぼさつ》の境地を目指し、より多くの人を救える力を身につけていきます。

ユートピア建設

私たち人間は、地上に理想世界を建設するという尊い使命を持って生まれてきています。社会の悪を押しとどめ、善を推し進めるために、信者はさまざまな活動に積極的に参加しています。

国内外の世界で貧困や災害、心の病で苦しんでいる人々に対しては、現地メンバーや支援団体と連携して、物心両面にわたり、あらゆる手段で手を差し伸べています。

年間約３万人の自殺者を減らすため、全国各地で街頭キャンペーンを展開しています。

公式サイト **www.withyou-hs.net**

ヘレン・ケラーを理想として活動する、ハンディキャップを持つ方とボランティアの会です。視聴覚障害者、肢体不自由な方々に仏法真理を学んでいただくための、さまざまなサポートをしています。

公式サイト **www.helen-hs.net**

学部のご案内

人間幸福学部

人間学を学び、新時代を切り拓くリーダーとなる

人間の本質と真実の幸福について深く探究し、
高い語学力や国際教養を身につけ、人類の幸福に貢献する
新時代のリーダーを目指します。

経営成功学部

企業や国家の繁栄を実現し、未来を創造する人材となる

企業と社会を繁栄に導くビジネスリーダー・真理経営者や、
国家と世界の発展に貢献し
未来を創造する人材を輩出します。

未来産業学部

新文明の源流を創造するチャレンジャーとなる

未来産業の基礎となる理系科目を幅広く修得し、
新たな産業を起こす創造力と企業家精神を磨き、
未来文明の源流を開拓します。

校舎棟の正面

学生寮

体育館

住所 〒299-4325 千葉県長生郡長生村一松丙 4427-1
TEL.0475-32-7770

教育

学校法人 幸福の科学学園

学校法人 幸福の科学学園は、幸福の科学の教育理念のもとにつくられた教育機関です。人間にとって最も大切な宗教教育の導入を通じて精神性を高めながら、ユートピア建設に貢献する人材輩出を目指しています。

幸福の科学学園

中学校・高等学校（那須本校）
2010年4月開校・栃木県那須郡（男女共学・全寮制）
TEL 0287-75-7777
公式サイト happy-science.ac.jp

関西中学校・高等学校（関西校）
2013年4月開校・滋賀県大津市（男女共学・寮及び通学）
TEL 077-573-7774
公式サイト kansai.happy-science.ac.jp

ハッピー・サイエンス・ユニバーシティ（HSU）
TEL 0475-32-7770

仏法真理塾「サクセスNo.1」 TEL 03-5750-0747（東京本校）
小・中・高校生が、信仰教育を基礎にしながら、「勉強も『心の修行』」と考えて学んでいます。

不登校児支援スクール「ネバー・マインド」 TEL 03-5750-1741
心の面からのアプローチを重視して、不登校の子供たちを支援しています。
また、障害児支援の**「ユー・アー・エンゼル!」運動**も行っています。

エンゼルプランV TEL 03-5750-0757
幼少時からの心の教育を大切にして、信仰をベースにした幼児教育を行っています。

シニア・プラン21 TEL 03-6384-0778
希望に満ちた生涯現役人生のために、年齢を問わず、多くの方が学んでいます。

NPO 活動支援

ブログ blog.mamoro.org

学校からのいじめ追放を目指し、さまざまな社会提言をしています。また、各地でのシンポジウムや学校への啓発ポスター掲示等に取り組む一般財団法人「いじめから子供を守ろうネットワーク」を支援しています。

公式サイト mamoro.org
相談窓口 TEL.03-5719-2170

政治

幸福実現党

内《ない》憂《ゆう》外《がい》患《かん》の国難に立ち向かうべく、二〇〇九年五月に幸福実現党を立党しました。創立者である大川隆法党総裁の精神的指導のもと、宗教だけでは解決できない問題に取り組み、幸福を具体化するための力になっています。

党員の機関紙
「幸福実現NEWS」

TEL 03-6441-0754
公式サイト hr-party.jp

出版メディア事業

幸福の科学出版

大川隆法総裁の仏法真理の書を中心に、ビジネス、自己啓発、小説など、さまざまなジャンルの書籍・雑誌を出版しています。他にも、映画事業、文学・学術発展のための振興事業、テレビ・ラジオ番組の提供など、幸福の科学文化を広げる事業を行っています。

アー・ユー・ハッピー？
are-you-happy.com

ザ・リバティ
the-liberty.com

幸福の科学出版
TEL 03-5573-7700
公式サイト irhpress.co.jp

THE FACT
ザ・ファクト
マスコミが報道しない
「事実」を世界に伝える
ネット・オピニオン番組

Youtubeにて
随時好評配信中！

ザ・ファクト 検索

入会のご案内

あなたも、幸福の科学に集い、
ほんとうの幸福を
見つけてみませんか？

幸福の科学では、大川隆法総裁が説く仏法真理をもとに、
「どうすれば幸福になれるのか、また、
他の人を幸福にできるのか」を学び、実践しています。

入会

大川隆法総裁の教えを信じ、学ぼうとする方なら、どなたでも入会できます。入会された方には、『入会版「正心法語」』が授与されます。（入会の奉納は1,000円目安です）

ネットでも**入会**
できます。詳しくは、
下記URLへ。
happy-science.jp/joinus

三帰《さんき》誓願《せいがん》

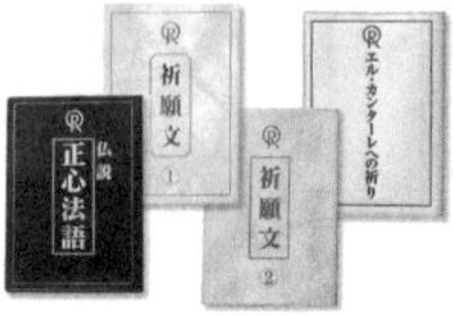

仏弟子としてさらに信仰を深めたい方は、仏・法・僧の三宝への帰依を誓う「三帰誓願式」を受けることができます。三帰誓願者には、『仏説・正心法語』『祈願文①』『祈願文②』『エル・カンターレへの祈り』が授与されます。

植福《しょくふく》の会

植福は、ユートピア建設のために、自分の富を差し出す尊い布施の行為です。布施の機会として、毎月1口1,000円からお申込みいただける、「植福の会」がございます。

「植福の会」に参加された方のうちご希望の方には、幸福の科学の小冊子（毎月1回）をお送りいたします。詳しくは、下記の電話番号までお問い合わせください。

月刊
「幸福の科学」

ザ・伝道

ヤング・ブッダ

ヘルメス・
エンゼルズ

INFORMATION
幸福の科学サービスセンター
TEL. **03-5793-1727**（受付時間 火～金：10～20時／土・日・祝日：10～18時）
宗教法人 幸福の科学 公式サイト **happy-science.jp**